맛있는 요리를 만드는 레시피가 있는 것처럼 웃음, 힐링, 성장을 만드는 레시피도 있을까요?
레시피팩토리는 모호함으로 가득한 이 세상에서 당신의 작은 행복을 위한 간결한 레시피가 되겠습니다.

매일 만들어 먹고 싶은

별미김밥
주먹밥
토핑유부초밥

prologue

올 봄,

직접 만든 김밥, 주먹밥, 유부초밥을 들고
소풍가는 상상만으로도

행복하지 않나요?

두 딸아이를 키우며 유아식 시기에 한입에 여러 가지를 먹이려고 주먹밥, 작게 만 김밥을 자주 해주었어요.
그래서인지 아침으로 뭐 먹을까? 생일에 뭐 먹을래? 간식으로 어떤 거 가져갈까? 라고 물어보면 어김없이
"주먹밥! 김밥!"이라고 대답해요. 자주 해달라고 하니 저희 집 냉장고엔 주먹밥이나 김밥 재료들(우엉조림,
멸치볶음, 당근, 오이, 단무지 등)이 늘 구비되어 있어요. 이렇게 부재료만 있으면 후다닥 간편하게 한입밥을
만들 수 있기 때문이에요. 엄마표 김밥이나 주먹밥을 먹을 때면 "엄마 최고!"라고 말해주며 맛있게 먹는
아이들을 보면 요리했던 고단함이 싹 사라지죠. 유부초밥은 도시락을 싸가지고 다니는 남편을 위해 만들었어요.
반찬이 마땅치 않을 때, 아침에 뚝딱 만들어주기 편해서였던 것 같아요.

자주 먹는 메뉴들인 만큼 더 건강하게, 다채롭게 만들어주고 싶은 마음이 커지더군요. 그래서 필수 재료인
단무지, 우엉조림, 유부피 등은 직접 만들어 사용하고 있어요. 좋은 재료와 양념으로 어렵지 않게 만들 수 있고,
한입밥도 간편하게 준비할 수 있지요. 가장 어렵다고 생각하는 '김밥'은 안에 들어가는 재료 각각의 맛을
최대한 살리는 것이 포인트예요. 간이 너무 강하지 않고 속재료들의 맛이 튀지 않아야 잘 어울린답니다.
그리고 물기가 많지 않게 밑준비를 해야 더욱 맛있게 먹을 수 있어요. '주먹밥'은 한입에 쏙쏙 넣어 먹거나
한손으로 들고 먹을 수 있도록 재료들을 단단하게 뭉치는 게 포인트예요. 들어가는 재료를 잘게 다져야 하고,
너무 기름지지 않도록 최소한의 기름을 사용하는 것이 중요해요. 주먹밥은 다양한 재료로 응용할 수 있어서
그 맛이 무궁무진하죠. 요즘 유행하는 '토핑 유부초밥'은 유부의 맛이 너무 튀지 않고 유부조림의 물기가
많지 않아야 밥이 축축해지는 것을 막고, 토핑의 맛을 잘 느낄 수 있어요. 그래서 고소하게 직접 조려서
만드는 것이 가장 맛있지요. 시판 조미 유부를 사용할 때는 물기를 꽉 짜서 사용하면 됩니다.

레시피팩토리에서 테스트키친팀 팀장으로 근무하며 요리 잡지와 책을 만들 때도, 독립 후 제 스튜디오에서
쿠킹클래스를 진행할 때도, 주부로서 남편의 도시락을 챙기고 아이들의 식사를 준비하면서도
저는 늘 같은 고민을 하며 레시피를 개발하고 요리했던 것 같아요. 어떻게 하면 더 맛있고 건강하게
만들 수 있을까? 더 심플하게 조리할 수 있을까? 이 책을 만들면서도 재료는 냉장고에 있을 만한 기본 재료나
쉽게 구할 수 있는 것들로 근사한 상차림이 되는 요리, 만든 수고로움을 싹 잊고 행복해지는 요리를 구현하고자
노력했어요. 또한 요리한다고 지쳐 정작 요리한 나는 먹지 못하는 그런 일이 없도록 쉽고 간결하지만 맛은
풍부하도록 개발했지요. 그래서 이 책에는 우리 가족이 좋아했던 메뉴, SNS에서 핫한 메뉴, 맛집 메뉴 등을
저만의 실용적 관점으로 해석해 소개했답니다. 부디 즐겁게 활용해주셨으면 하는 바람입니다.

마지막으로 이 책을 제안해준 친정 같은 레시피팩토리 출판사에 감사 인사를 드립니다. 그리고 함께 작업한
에디터, 포토그래퍼와의 환상 팀워크! 함께여서 행복했다고 말하고 싶어요. 무엇보다 이 책을 만드는 동안
잠시 엄마와 아내의 역할을 내려놓고 책 만드는 작업에 전념할 수 있게 도와준 남편과 지자매에게 고맙고
사랑한다고 전하고 싶습니다.

———————————————————————————————————— 2023년 봄, 정민

contents

004　Prologue
　　올 봄, 직접 만든 김밥, 주먹밥, 유부초밥을 들고
　　소풍가는 상상만으로도 행복하지 않나요?

베 이 직 / 가 이 드

012　김밥 가이드
019　주먹밥 가이드
020　유부초밥 가이드
022　김밥, 주먹밥, 유부초밥에 곁들이면 좋은 국
024　별미 한입밥이 더 풍성해지는 사이드 메뉴
027　한입밥 응용하기

132　Index
　　가나다 순 / 재료 순

abc 가이드

a advanced level
준비 과정이 다소 많지만
도전할 만한 맛있는 레시피

b beginner level
재료, 조리법이 모두 간단한
초보자를 위한 쉬운 레시피

c choice recipe
저자가 특히 추천하는 레시피

이 책의 모든 레시피는요!

☑ **표준화된 계량도구를 사용했습니다.**
- 1컵은 200㎖, 1큰술은 15㎖, 1작은술은 5㎖ 기준입니다.
- 계량도구 계량 시 윗면을 평평하게 깎아 계량해야 정확합니다.
- 밥숟가락은 보통 12~13㎖로 계량스푼(큰술)보다 작으니
  감안해서 조금 더 넉넉히 담아야 합니다.

☑ **채소는 중간 크기를 기준으로, 완성 분량(인분)은 넉넉하게 제시했습니다.**
- 오이, 양파, 당근, 애호박 등 개수로 표시된 채소는 너무 크거나 작지 않은
  중간 크기를 기준으로 개수와 무게를 표기했습니다.
- 완성 분량(인분)은 김밥 2줄, 주먹밥 4~16개, 유부초밥 14개를 2인분으로
  제시했습니다. 개인의 평소 먹는 양에 따라 조절하세요.

매일 만들어 먹고 싶은

별/미/김/밥

32 애호박 김밥	34 유부 나물 김밥	36 고추장 비빔 김밥	38 크래미 샐러드 김밥	40 멸추 김밥
42 진미채 달걀 김밥	44 어묵 꼬마 김밥	46 달걀지단 키토 김밥	48 충무 김밥	50 멸추 양배추쌈 김밥
52 청양 크림치즈 김밥	54 명란 아보카도 샐러드 김밥	56 참치 김치볶음 김밥	58 연어 후토마키	60 불오징어 김밥
62 전복 달걀말이 김밥	64 데리야키 닭안심 김밥	66 달걀말이 불닭 김밥	68 삼겹살 쌈장 김밥	70 육회말이 김밥

매일 만들어 먹고 싶은

주 / 먹 / 밥

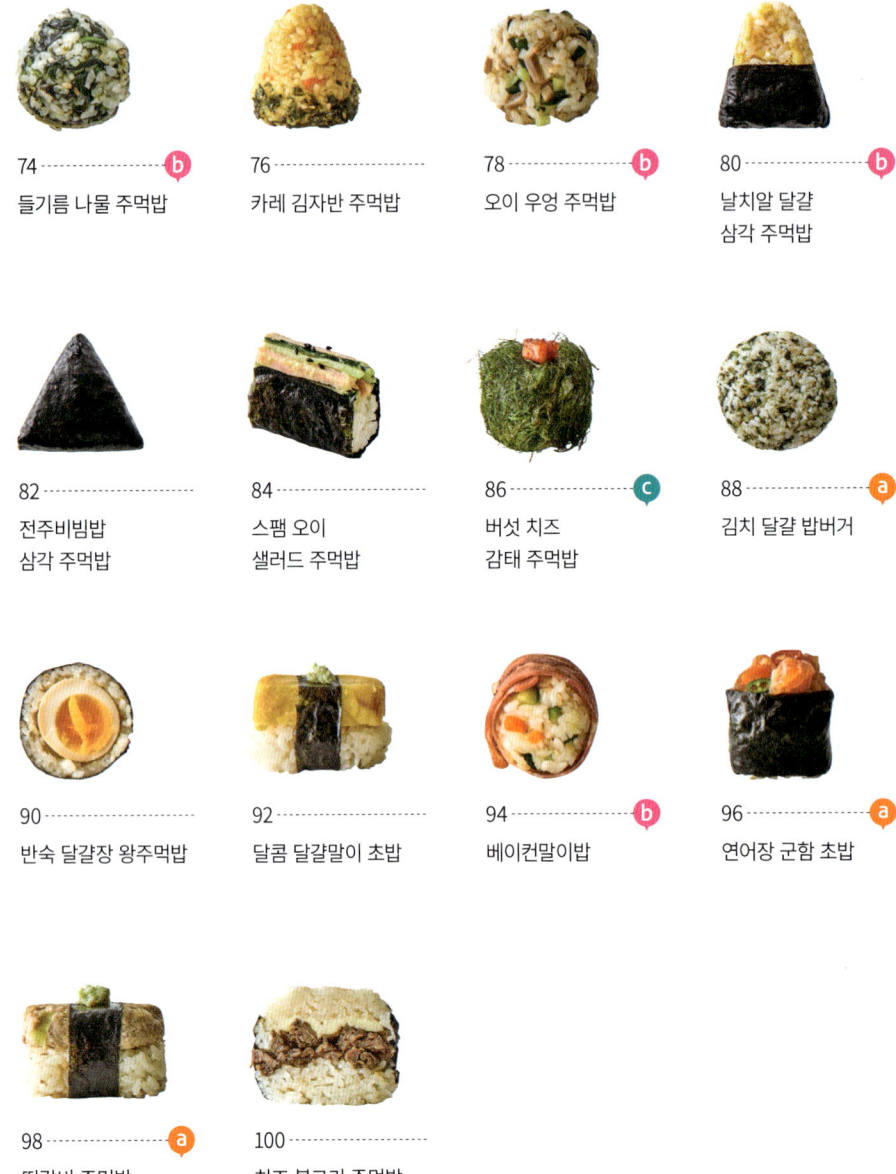

74 ⓑ 들기름 나물 주먹밥

76 카레 김자반 주먹밥

78 ⓑ 오이 우엉 주먹밥

80 ⓑ 날치알 달걀 삼각 주먹밥

82 전주비빔밥 삼각 주먹밥

84 스팸 오이 샐러드 주먹밥

86 ⓒ 버섯 치즈 감태 주먹밥

88 ⓐ 김치 달걀 밥버거

90 반숙 달걀장 왕주먹밥

92 달콤 달걀말이 초밥

94 ⓑ 베이컨말이밥

96 ⓐ 연어장 군함 초밥

98 ⓐ 떡갈비 주먹밥

100 치즈 불고기 주먹밥

매일 만들어 먹고 싶은

토 / 핑 / 유 / 부 / 초 / 밥

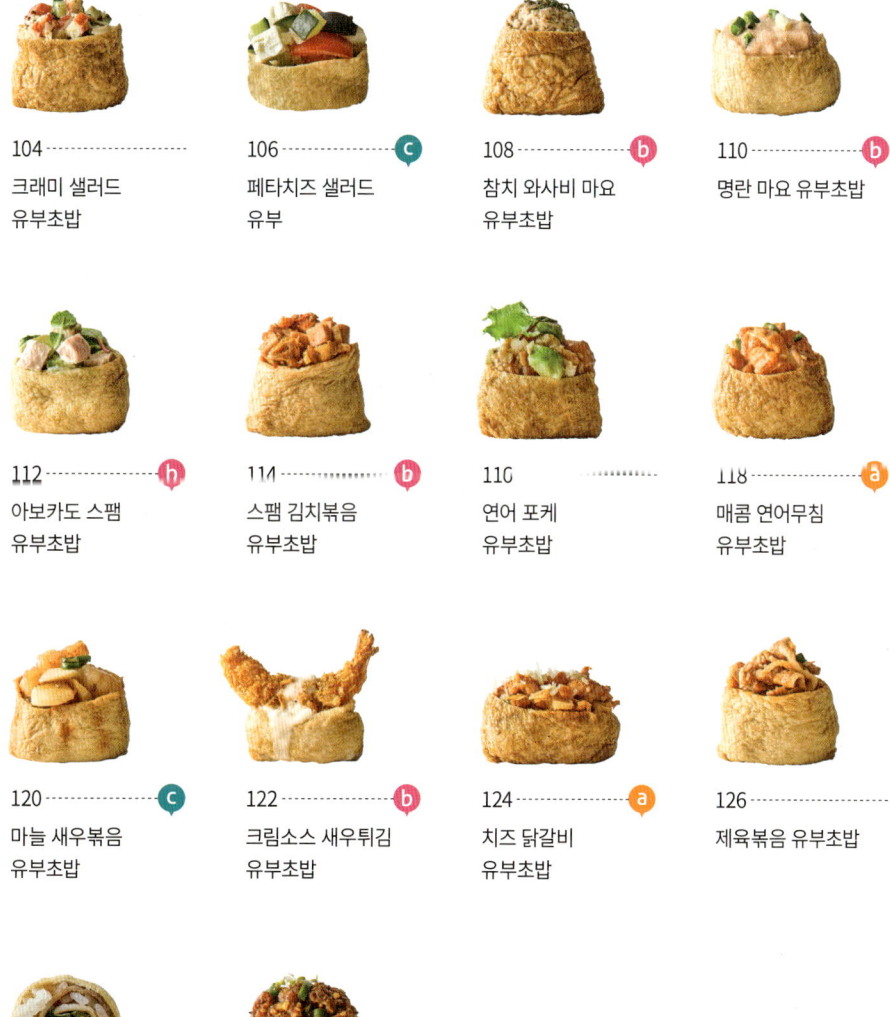

104 크래미 샐러드 유부초밥

106 ⓒ 페타치즈 샐러드 유부

108 ⓑ 참치 와사비 마요 유부초밥

110 ⓑ 명란 마요 유부초밥

112 ⓗ 아보카도 스팸 유부초밥

114 ⓑ 스팸 김치볶음 유부초밥

116 연어 포케 유부초밥

118 ⓐ 매콤 연어무침 유부초밥

120 ⓒ 마늘 새우볶음 유부초밥

122 ⓑ 크림소스 새우튀김 유부초밥

124 ⓐ 치즈 닭갈비 유부초밥

126 제육볶음 유부초밥

128 삼겹살 깻잎말이 유부롤

130 ⓐ 매콤 육회 유부초밥

베이직 / 가이드

김밥, 주먹밥, 유부초밥을 만들 때 기본이 되는 재료들의 준비 방법과 예쁘게 모양 내는 요령 등을 소개합니다.
곁들이면 더욱 든든하게 즐길 수 있는 국물과 사이드 메뉴도 꼭 챙겨보세요.

김밥 가이드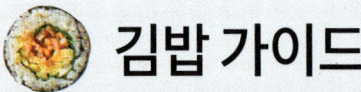

김밥을 만들 때 기본이 되는 밥 짓기, 김 고르는 법, 자주 들어가는 속재료 등 미리 알아두면 좋은 정보를 모았습니다.
김밥이 터지거나 풀어지지 않고 단단하게 마는 방법 등 저자의 노하우도 알차게 담았습니다.

밥 양념하기

김밥에 들어가는 밥은 전기밥솥이나 냄비 등 편한 방법으로 지으면 됩니다. 단, 밥이 질거나 너무 꼬들하면
김밥을 만들었을 때 속재료와 잘 어우러지지 않을 수 있어요. 보통 밥으로 지어 만드는 것이 가장 좋아요.

(김밥 2줄 기준)

따뜻한 밥　　　　통깨　　　　참기름　　　　소금
1과 1/2공기(300g)　1큰술　　　1큰술　　　1/2작은술

김밥 김 고르기

김밥 김은 좀 두툼한 것을 고르는 것이 좋아요. 김밥 김은 매끈한 면과 거친 면이 있는데,
거친 면에 밥을 올려 안으로 오게 하고 매끈한 면이 겉면이 되게 만들어요.

김밥 말기

김밥의 마무리는 잘 마는 거죠. 속재료를 잘 준비해도 헐렁하게 말거나 김이 터지면 먹기도 불편하고 모양도 예쁘지 않죠.
속재료를 단단하게 고정하여 잘 말 수 있는 방법을 소개합니다.

1

밥 양은 뭉쳐서 쥐었을 때
손바닥 위에 올라갈 정도면 좋다.
* 밥은 한김 식힌 후 김에 올려야 김이
눅눅해져서 터지는 것을 막을 수 있어요.

2

김밥 김의 2/3분량까지 밥을 골고루 펼친 후
잘 달라붙도록 꼭꼭 누른다.

3

밥 위에 원하는 속재료를 올린다.
속재료는 위로 쌓아서 올려야 김밥을
빈틈없이 말 수 있다.

4

아랫부분을 잡고 김의 끝부분으로
속재료를 감싸 속재료가 끝나는 부분에
붙여 꼭꼭 누른다.
* 김발을 이용할 때도 같은 방법으로
김밥을 싸면 돼요.

5

김밥을 꼭꼭 쥐어가며 만 후 김의 끝부분에
물을 묻혀 떨어지지 않도록 만다.
다 만 후 김이 떨어지면 물을 더 묻힌다.
* 김밥을 말때 양옆으로 속재료가
나올 수 있어요. 그럴때는 손으로 눌러
넣어가며 말아요.

6

김의 끝부분이 바닥에 닿도록 놓은 후
칼에 참기름을 묻혀 김밥을 썬다.
* 기호에 따라 썰기 전에 김밥 겉면에 참기름을
바르거나 통깨를 뿌려도 좋아요.

베이직 가이드

속재료 만들기

달걀

달걀은 김밥에 빠지지 않는 재료 중 하나죠. 지단을 부치거나 달걀말이로 만들어 맛도 모양도 다양하게 만들어보세요.
일반 둥근 팬도 좋지만 김밥을 만들 때는 사각 팬을 사용하는 것이 좀 더 모양내기가 편합니다.

달걀지단(2장분) 달걀 2개, 소금 1/4작은술, 식용유 약간

① 볼에 달걀을 풀어 소금을 넣어 섞는다.

② 달군 사각 팬에 식용유를 두르고 달걀물 1/2분량을 넣고 펼친다. 약한 불에서 윗면이 익은 것이 보일 때까지 2~4분간 익힌다.

③ 뒤집개로 뒤집어 불을 끄고 익힌다. 같은 방법으로 1장 더 만든다.

④ 넓은 지단 그대로 사용하거나 한김 식힌 후 돌돌 말아서 채 썬다.
   * 한김 식힌 후 썰어야 지단이 부서지지 않아요.

달걀말이(2개분) 달걀 2개, 소금 1/4작은술, 식용유 약간

① 볼에 달걀을 풀어 소금을 넣어 섞는다.
* 메뉴에 따라 달걀 1개만 사용해서 얇은 달걀말이를 만들어요.

② 달군 사각 팬에 식용유를 두르고 달걀물 1/3분량을 넣고 펼친다. 약한 불에서 살짝 익으면 돌돌 말아 한쪽으로 밀어 놓는다.

③ 돌돌 만 달걀 반대쪽에 남은 달걀물 1/2분량을 붓고 펼친다. 달걀이 50% 정도 익으면 다시 돌돌 만다. 한 번 더 반복한다. 달걀이 단단해질 때까지 약한 불에서 돌려가며 2~3분간 익힌다.

④ 종이호일에 올려 돌돌 말아 단단하게 식힌 후 길게 2등분한다.

치즈 달걀말이(2개분) 달걀 2개, 스트링치즈 2개, 소금 1/4작은술, 식용유 약간

① 볼에 달걀을 풀어 소금을 넣어 섞는다.

② 달군 사각 팬에 식용유를 두르고 달걀물 1/2분량을 넣고 펼친다. 약한 불에서 살짝 익으면 스트링치즈 1개를 올린다.

③ 스트링치즈를 감싸며 돌돌 만다. 같은 방법으로 1개 더 만든다.

단무지

17~20인분 / 15~20분(+ 숙성하기 1~7일) / 냉장 보관 14일간

시판 단무지를 사용해도 좋지만 좀 더 건강한 맛을 원한다면 직접 만든 단무지를 김밥에 사용해보세요. 보관성도 좋아 넉넉히 만들어 냉장 보관해두고 활용 가능해요.

무 1kg, 소금 1과 1/2큰술, 설탕 6큰술, 식초 2큰술

① 무는 1cm 두께로 길게 썬다.
② 지퍼백에 모든 재료를 넣어 흔들어가며 잘 버무린다. 실온에서 하루 보관 후 무와 양념을 다시 한 번 섞는다. 냉장실에서 일주일간 숙성시킨다.
  * 하루 숙성 후 먹어도 되나 좀 더 숙성시킨 후 먹어야 무의 매운맛이 덜 느껴져요.
  * 날이 더울 때는 실온에서 3~4시간만 숙성한 후 냉장실에 넣어 숙성시켜요.

당근볶음

2~3인분 / 15~20분 / 냉장 보관 5~7일

넉넉히 볶아두었다가 반찬으로 즐기기도 좋은 당근볶음입니다. 칼로 썰기 힘들다면 채칼을 이용해도 됩니다. 잘게 다져 볶음밥이나 주먹밥에 활용해도 좋아요.

당근 1개(200g), 소금 약간, 식용유 약간

① 당근은 가늘게 채 썬다.
② 달군 팬에 식용유를 두르고 당근, 소금을 뿌려 중간 불에서 3~4분간 볶는다.
  * 채 썬 당근의 두께에 따라 익히는 시간을 가감하세요.

우엉조림

2~3인분 / 25~30분 / 냉장 보관 7~10일

미리 만들어두면 좋은 우엉조림이에요.
주먹밥, 김밥에 두루두루 활용할 수 있답니다.

우엉 300g, 식용유 1큰술, 물엿 1큰술(또는 올리고당, 꿀)
양념 설탕 1큰술, 다진 마늘 1큰술, 양조간장 3큰술, 청주 1큰술,
물엿 4와 1/2큰술(또는 올리고당, 꿀)

① 우엉은 필러로 껍질를 벗겨 길게 채 썬다.
  * 우엉 썰기가 어렵다면 썰어져 있는 우엉채를
  구매해도 좋아요.

② 식촛물에 10분간 담가 흐르는 물에 헹궈 체에 밭친다.

③ 달군 팬에 식용유를 두르고 우엉을 넣어
  센 불에서 1분간 볶는다.

④ 양념 재료를 모두 넣고 약한 불에서 5~7분간 볶는다.
  물엿(1큰술)을 넣고 1분간 더 볶는다.

나물무침

2~3인분 / 15~20분 / 냉장 보관 3~5일

참나물, 시금치, 미나리 등으로 다양한 나물무침을 만들어 김밥,
주먹밥 등에 넣어보세요. 넉넉히 만들어 반찬으로 즐겨도 좋습니다.

참나물 150g(또는 시금치, 미나리 등)
양념 다진 대파 2큰술, 통깨 1큰술, 들기름 1큰술(또는 참기름),
다진 마늘 1/2작은술, 소금 1/2작은술(기호에 따라 가감)

① 흐르는 물에 나물을 헹구고 시든 잎을 떼어낸다.

② 끓는 소금물(물 3컵 + 소금 1작은술)에 나물의
  줄기 부분부터 넣는다. 저어가며 숨이 죽을 때까지 데친다.

③ 찬물에 헹궈 물기를 꽉 짠 후 먹기 좋게 3~4등분한다.

④ 볼에 양념 재료를 넣고 섞은 후 ③을 넣어
  조물조물 무친다.

진미채볶음

3~4인분 / 15~20분 / 냉장 보관 2주

누구나 좋아하는 국민 반찬이죠.
보관도 오래할 수 있어 밑반찬으로 즐기다가
김밥이나 주먹밥에 넣어 별미 밥을 만들어보세요.

진미채 100g
양념 고추장 1과 1/3큰술, 올리고당 1큰술, 청주 1큰술,
마요네즈 1/2큰술, 통깨 1큰술, 설탕 1작은술,
양조간장 1/2작은술(고추장 염도에 따라 가감)

① 진미채는 체에 밭쳐 흐르는 물에 헹궈
   물기를 꽉 짠다.

② 가위로 먹기 좋은 크기로 자른다.

③ 볼에 양념 재료를 넣고 진미채를 넣어 조물조물 무친다.

④ 달구지 않은 팬에 ③을 넣어 약한 불에서 2~3분간 볶는다.

멸치볶음

3~4인분 / 15~20분 / 냉장 보관 30일

넉넉히 만들어두면 두루두루 활용하기 편한 반찬이죠.
기호에 따라 다진 견과류나 씨앗을 넣어
더욱 건강하게 즐겨보세요.

잔멸치 200g, 청주 1큰술(또는 소주), 식용유 2큰술,
설탕 3큰술(기호에 따라 가감), 통깨 2큰술,
양조간장 2/3큰술(멸치 염도에 따라 가감), 올리고당 1큰술

① 달구지 않은 팬에 잔멸치를 넣고
   건조해지도록 약한 불에서 2~3분간 볶는다.

② 청주를 넣고 다시 수분이 날아갈 때까지 1~2분간 볶는다.
   식용유를 넣고 골고루 섞어가며 1분간 볶는다.

③ 설탕, 통깨를 넣고 설탕 입자가 사라질 때까지 타지 않게
   약한 불에서 2~3분간 볶는다. 양조간장을 넣고
   1분간 재빠르게 볶는다. 불을 끄고 올리고당을 넣어 섞은 후
   넓게 펼쳐 한김 식힌다.

주먹밥 가이드

주먹밥은 모든 재료를 뭉쳐서 만들거나 속에 재료를 넣어서 만드는 방법이 있어요.
모든 재료를 섞어서 만들 때는 조금 잘게 다져야 밥과 잘 섞여서 뭉치기가 편해요. 속에 재료를 넣을 때는
김밥 김으로 띠를 두르거나 랩을 씌워 고정시키면 먹기가 편하답니다.

모양내기

동그랗게 뭉치기

세모로 뭉치기

네모로 뭉치기

삼각김밥 포장하기

편의점에서 누구나 한 번 먹어봤을 삼각김밥.
집에서 만든 주먹밥으로 삼각김밥 포장을 해보세요.
도시락으로 활용하기도 좋고 벗겨 먹는 재미도 있답니다.

① 알루미늄 포일에 김 1/2장을 올린다.
② 양옆으로 접어 김을 감싼다.
③ 사진처럼 삼각형으로 만든 주먹밥을 올린다.
④ 위아래로 접어 주먹밥을 감싼다.
⑤ 삼각김밥을 뜯듯이 중앙의 알루미늄 포일을 길게 벗긴다.
⑥ 양옆을 잡아 당겨 알루미늄 포일을 벗긴다.

베이직 가이드

 # 유부초밥 가이드

유부초밥을 만들 때 주로 시판 제품을 사용하셨죠? 좀 더 다양한 맛과 모양으로 즐기고 싶다면
직접 유부를 조려서 만들어보세요. 밥 양념도 취향에 맞춰 즐길 수 있도록 3가지로 소개합니다.

밥 양념하기

유부초밥에 사용하는 밥은 갓 지은 밥으로 하는 게 좋아요. 그래야 양념이 밥에 골고루 섞인답니다.
토핑에 어울리는 맛으로 밥을 양념해 다양하게 즐기세요.

(2인분 14개 기준)

새콤한 맛

 +  +  + 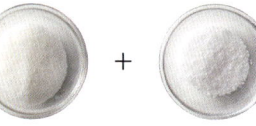 +  +

따뜻한 밥 1과 1/2공기(300g) + 통깨 1큰술 + 설탕 1작은술 + 소금 1/2작은술 + 식초 2작은술 + 참기름 2작은술

담백한 맛

 +  +  +

따뜻한 밥 1과 1/2공기(300g) + 통깨 1큰술 + 참기름 1큰술 + 소금 1/2작은술

달콤한 맛

 +  +  +  +

따뜻한 밥 1과 1/2공기(300g) + 통깨 1큰술 + 참기름 1큰술 + 설탕 1작은술 + 양조간장 2작은술

유부 조리기

유부피는 소분해 냉동실에서 한 달간 보관이 가능하며
냉장실에서 자연 해동 후 물기를 꽉 짜서 사용하세요.

유부초밥 만들기

유부초밥을 균일한 크기로 만들 수 있는 방법을 알려드려요.
토핑이 떨어지지 않게 유부피 안쪽에 밥을 꼭꼭 눌러 담는 게 좋아요.

① 양념한 밥은 유부에 들어갈 정도의 크기로
꼭 쥐어 모양을 만든다.

② 유부피를 벌려 속에 넣는다.

③ 안쪽에 잘 채워지도록 꼭꼭 누른다.
그 위에 기호에 따라 토핑을 올린다.
* 너무 심하게 누르면 유부피가 찢어질 수 있으니 주의하세요.

사각 조미 안된 유부 1봉(500g)
양념 설탕 1/2컵, 물 1/2컵(100㎖), 양조간장 5큰술

① 유부는 끓는 물(5컵)에 넣어 2분간 데친다.
유부가 가벼워 물에 뜨니 위아래로 잘 섞어준다.
* 기름에 튀긴 제품이니 기름을 빼는 과정이에요.

② 체에 밭쳐 한김 식힌 후 물기를 꽉 짠다.

③ 볼에 담고 양념 재료에 버무린다.

④ 냄비에 ③을 넣고 센 불에서 김이 올라오면
약한 불로 줄여 2~3분간 볶는다.
* 계속 저어가며 볶아야 타지 않아요.

⑤ 원하는 모양으로 잘라 사용한다.

베이직 가이드

달걀국

유부 사골 된장국

어묵탕

김밥, 주먹밥, 유부초밥에 **곁들이면 좋은 국**

한입밥에 따뜻한 국물을 곁들이면 더욱 든든하죠. 후다닥 만들어 함께 먹을 수 있는 국물 3가지를 소개합니다.
곁들여 먹는 국이라 간은 슴슴하게 맞췄으니 기호에 따라 조절하세요.

달걀국

달걀 2개, 어슷 썬 대파 15cm분,
다진 마늘 1/2큰술, 참치액 1큰술
(또는 멸치 액젓), 소금 1/2작은술
(기호에 따라 가감)
멸치 국물 국물용 멸치 25마리(25g),
다시마 5×5cm 2장, 물 6컵(1.2ℓ)

① 달군 냄비에 국물용 멸치를 넣고 중간 불에서 1분간 볶는다.
② 나머지 멸치 국물 재료를 넣어 약한 불에서 25분간 끓인 후 멸치, 다시마를 건진다.
③ 볼에 달걀을 넣어 푼 후 어슷 썬 대파를 넣고 섞는다.
④ 멸치 국물에 다진 마늘을 넣어 센 불에서 끓인다.
　끓어오르면 달걀물을 두르고 중간 불에서 1분간 젓지 않고 그대로 끓인다.
⑤ 참치액, 소금을 넣어 1분간 더 끓인다.

유부 사골 된장국

조미 안된 유부 5장, 시판 사골 육수
5컵(1ℓ, 또는 시판 곰탕),
된장 1과 1/2큰술(시판 사골 육수
염도에 따라 가감), 다진 마늘 1작은술,
쪽파 2줄기(또는 대파 약간),
소금 약간(기호에 따라 가감)

① 유부는 0.5cm 두께로 채 썬다.
　체에 밭쳐 뜨거운 물(2컵)을 부어 물기를 꽉 짠다.
② 쪽파는 송송 썬다.
③ 냄비에 사골 육수, 된장을 풀어 넣어 센 불에서 끓인다.
　유부를 넣고 5분간 더 끓인다.
④ 다진 마늘, 쪽파를 넣어 1분간 더 끓인다. 부족한 간은 소금으로 더한다.

어묵탕

사각 어묵 4장(200g),
다진 마늘 1/2큰술, 어슷 썬 대파 15cm분,
참치액 1큰술(또는 멸치 액젓),
소금 1/2작은술(기호에 따라 가감)
멸치 국물 국물용 멸치 25마리(25g),
다시마 5×5cm 2장, 물 6컵(1.2ℓ)

① 달군 냄비에 국물용 멸치를 넣고 중간 불에서 1분간 볶는다.
② 나머지 멸치 국물 재료를 넣어 약한 불에서 25분간 끓인 후 멸치, 다시마를 건진다.
③ 사각 어묵은 길이로 접어 꼬치에 꽂는다.
　* 한입 크기로 썰어도 좋아요.
④ 멸치 국물을 센 불에서 끓여 끓어오르면 어묵, 다진 마늘을 넣어 7분간 끓인다.
⑤ 어슷 썬 대파, 참치액, 소금을 넣고 1분간 더 끓인다.

베이직 가이드

별미 한입밥이 더 풍성해지는 **사이드 메뉴**

한입밥만 먹기가 조금 아쉽다면 더욱 푸짐하게 즐길 수 있는 사이드 메뉴를 곁들이세요.
간단하지만 맛도 폼도 나는 메뉴를 소개합니다.

매콤 어묵 쫄볶이

떡 대신 쫄면을 듬뿍 넣고 만든 쫄볶이입니다. 매콤한 맛이 김밥, 주먹밥에 잘 어울리는 메뉴지요.

- 쫄면 100g(또는 떡볶이 떡)
- 사각 어묵 2장(100g)
- 양배추 3장(손바닥 크기, 90g)
- 대파 20cm
- 다진 마늘 1/2큰술
- 설탕 2큰술
- 고춧가루 2큰술(생략 가능)
- 고추장 1큰술
- 올리고당 1큰술
- 참치액 1과 1/2큰술(또는 멸치 액젓)
- 국간장 1작은술
- 물 2컵(400㎖)

① 사각 어묵, 양배추는 한입 크기로 썬다. 대파는 5cm 길이로 썰어 길게 2~3등분한다.

② 쫄면은 가닥가닥 떼어 놓는다.

③ 냄비에 쫄면을 제외한 모든 재료를 넣어 센 불에서 끓여 끓어오르면 중간 불로 줄여 3분간 끓인다.

④ 쫄면을 넣어 2분간 더 저어가며 끓인다.
　＊ 물이 부족하면 1/4컵(50㎖)을 더 넣어 끓이세요.

파프리카 비빔국수

아삭한 채소를 듬뿍 넣어 만든 비빔국수예요. 향긋한 깻잎을 올리면 더욱 입맛을 돋우는 메뉴가 된답니다.

- 소면 2줌(140g)
- 파프리카 1/2개(100g)
- 양파 1/4개(50g, 생략 가능)
- 깻잎 5장

양념
- 통깨 1큰술
- 설탕 1큰술
- 식초 1큰술
- 고추장 3큰술(또는 양조간장 1큰술)
- 매실청 2큰술
- 참기름 1큰술

① 소면은 포장지에 적힌 방법으로 삶아 찬물에 여러 번 헹궈 물기를 뺀다.

② 파프리카, 양파는 가늘게 채 썬다. 깻잎은 꼭지를 떼고 돌돌 말아 가늘게 채 썬다.

③ 큰 볼에 양념 재료를 넣어 섞는다. ①의 소면을 넣어 버무린다.
   * 양념을 만들 때 고추장을 빼고 양조간장 1큰술을 넣어 섞으면 맵지 않게 만들 수 있어요.

④ 파프리카, 양파를 넣어 한 번 더 가볍게 섞은 후 깻잎을 올린다.

콩나물 새우라면

아삭한 콩나물과 감칠맛나는 새우를 넣어 더욱 근사하게 만들어보세요. 다진 마늘을 넣어 국물맛이 더욱 개운해요. 유부초밥이나 김밥에 곁들이면 든든하답니다.

- 라면 1봉
- 콩나물 2줌(100g)
- 냉동 생새우살 5개(100g)
- 송송 썬 대파 15cm분
- 송송 썬 청양고추 1개분(생략 가능)
- 다진 마늘 1/2큰술

① 콩나물은 체에 밭쳐 헹궈 물기를 뺀다. 냉동 생새우살은 찬물에 5~10분간 담가 해동한 후 물기를 뺀다.

② 라면은 포장지에 적힌 분량으로 냄비에 물 + 스프를 넣어 센 불에서 끓인다.

③ ②가 끓어오르면 콩나물, 생새우살, 라면 순으로 넣어 끓인다.

④ 끓어오르면 다진 마늘, 송송 썬 대파 1/2분량을 넣고 포장지에 적힌 시간대로 끓인다.

⑤ 송송 썬 청양고추, 나머지 대파를 넣고 불을 끈다.

한입밥 응용하기

먹고 남은 김밥, 주먹밥을 활용하는 방법과 폼 나게 도시락 싸는 방법을 알려드려요.
아이들 도시락, 남편 도시락을 준비할 때 참고하세요.

김밥이 남았어요! 김밥전으로 즐기기

① 남은 김밥은 썰어서 종이호일로 감싼 후 지퍼백에 넣어 냉동 보관한다.
  * 냉동 보관은 10일 정도 가능하며, 육회, 연어가 들어간 김밥, 샐러드 김밥은 냉동 보관이 안돼요.
② 먹기 전에 실온에서 김밥끼리 떨어질 정도(15~30분간)만 해동한다.
③ 달걀을 푼 후 김밥에 달걀물을 묻힌다.
④ 달군 팬에 식용유를 두르고 달걀물 묻힌 김밥을 올려 약한 불에서 앞뒤로 뒤집어가며 5~7분간 익힌다.
  * 김밥의 두께에 따라 굽는 시간이 달라질 수 있어요. 속까지 따뜻해지도록 구우세요.

주먹밥이 남았어요! 볶음밥으로 즐기기

① 남은 주먹밥은 냉장이나 냉동 보관한다.
  * 냉동 보관은 10일, 냉장 보관은 7일 가능해요. 회나 샐러드가 들어간 주먹밥은 보관이 어려우니 바로 먹을 것을 추천해요.
② 달군 팬에 식용유를 약간 두르고 주먹밥을 넣고 주걱으로 부숴가며 볶는다.
  * 달걀물을 묻히거나 그대로 구워서 먹어도 맛있어요.

유부초밥 토핑이 남았어요! 덮밥, 주먹밥으로 즐기기

① 남은 유부초밥 토핑은 냉장 보관한다.
② 따뜻한 밥 위에 토핑을 올려 덮밥으로 즐기거나, 더 잘게 다져서 주먹밥으로 뭉쳐서 즐겨도 좋다.

도시락 싸기 노하우

김밥 도시락
잘린 단면이 마르지 않는 것이 중요하다.
썰어서 모양 그대로 종이호일에 감싸는 게 가장 좋지만 단면이 보이게 담고 싶다면 단면이 마르지 않도록 랩 또는 종이호일로 덮어주는 것이 좋다.

주먹밥 도시락
주먹밥끼리 붙어서 한 덩어리가 되지 않게 담는 것이 좋다.
랩으로 감싸 낱개 포장해서 담는 것이 모양을 유지하고 겉면이 마르지 않아 추천하는 방법이다.

토핑 유부초밥 도시락
유부초밥이 흔들려 넘어지지 않도록 하는 것이 포인트!
도시락의 크기에 따라 물기가 없는 방울토마토나 과일을 함께 넣어 유부초밥을 고정하는 것이 좋다.
멀리 이동해야 하는 경우라면 토핑이 빠지지 않도록 유부피 안에 다 들어가게 만든다.

* 김밥, 주먹밥, 유부초밥을 바로 먹지 않고 도시락으로 준비할 때는 밥을 지을 때 찹쌀(맵쌀과 찹쌀 2:1 비율)을 섞으세요. 시간이 지나도 밥이 딱딱해지는 식감이 덜하답니다. 또한 날이 더울 때는 보냉 도시락 가방을 이용해야 음식을 상하지 않게 보관할 수 있어요.

매일 만들어 먹고 싶은
별/미/김/밥

자주 먹는 재료와 반찬을 활용해 다양한 김밥을 만들었습니다. 새롭지만 쉽게 만들 수 있어 김밥의 매력에 점점 빠질 거예요. SNS 속 인기 메뉴도 소개했으니 꼭 따라 해보세요.

 별미 김밥

오이 대신 달콘한 애호박을 듬뿍 넣은

애호박 김밥

2인분 / 20~40분

- 따뜻한 양념 밥 1과 1/2공기 (300g, 밥 양념하기 12쪽)
- 김밥 김 2장
- 애호박 1/2개(135g)
- 달걀지단 2장 분량(만들기 14쪽)
- 김밥용 햄 2줄
- 우엉조림 1/4컵(약 40g, 만들기 17쪽)
- 당근볶음 1/2개 분량(100g, 만들기 16쪽)
- 단무지 2줄
- 식용유 1큰술 + 1/2큰술
- 소금 약간

1 애호박은 어슷하게 편 썬 후 0.5cm 두께로 채 썬다.

2 달걀지단은 돌돌 말아 가늘게 채 썬다.

3 달군 팬에 식용유(1큰술)를 두르고 애호박, 소금을 넣어 중간 불에서 2~4분간 볶아 덜어둔다.
* 애호박의 두께에 따라 시간을 조절하세요.

4 다시 식용유(1/2큰술)를 두르고 김밥용 햄을 넣어 중간 불에서 2~3분간 볶는다.
* 끓는 물(3컵)에 넣어 1분간 데친 후 체에 밭쳐 물기를 제거하고 사용해도 좋아요.

5 김밥 김에 양념 밥 1/2분량을 골고루 펼친 후 꼭꼭 누른다. 그 위에 준비한 재료를 1/2분량씩 올려 돌돌 만다. 같은 방법으로 1개 더 만들어 먹기 좋은 크기로 썬다.

 별미김밥

짭조름하게 조린 유부로
고소한 맛을 살린

유부 나물 김밥

2인분 / 20~40분

- 따뜻한 양념 밥 1과 1/2공기
  (300g, 밥 양념하기 12쪽)
- 김밥 김 2장
- 조미 안된 유부 14장
- 달걀말이 2개 분량(만들기 15쪽)
- 당근볶음 1/2개 분량
  (100g, 만들기 16쪽)
- 나물무침 1/2컵(80g, 만들기 17쪽)
- 단무지 2줄

유부 양념
- 물 2큰술
- 양조간장 1큰술
- 다진 마늘 1작은술
- 올리고당 2작은술

① 달걀말이는 길게 2등분한다.

② 조미 안된 유부는 1cm 폭으로 썬다.

③ 끓는 물에 유부를 넣고 30초간 데친다. 체에 밭쳐 한김 식힌 후 물기를 꽉 짠다.

④ 팬에 아무것도 두르지 않고 ③의 유부를 넣어 약한 불에서 물기가 마를 때까지 약 3~4분간 볶는다.

⑤ 유부 양념을 넣어 약한 불에서 양념이 배도록 2~3분간 볶아 한김 식힌다.

⑥ 김밥 김에 양념 밥 1/2분량을 골고루 펼친 후 꼭꼭 누른다. 그 위에 준비한 재료를 1/2분량씩 올려 돌돌 만다. 같은 방법으로 1개 더 만들어 먹기 좋은 크기로 썬다.

 별미김밥

매콤한 비빔밥이 김밥 속으로 쏙~
고추장 비빔 김밥

2인분 / 20~40분

- 따뜻한 밥 1과 1/2공기(300g)
- 김밥 김 2장
- 달걀지단 2장 분량(만들기 14쪽)
- 오이 1/2개(100g)
- 당근볶음 1/2개 분량
  (100g, 만들기 16쪽)
- 단무지 2줄
- 식용유 1큰술
- 고추장 1과 1/2큰술
  (기호에 따라 가감)
- 참기름 1큰술
- 통깨 1큰술

Tip /
색다른 식감으로 만들기
오이와 당근을 볶지 않고
채 썰어 그대로 넣어 만들어보세요.
신선하고 아삭한 맛이 살아있는
샐러드 김밥처럼 즐길 수 있답니다.

1. 오이는 2등분한 후 씨 부분을 제외하고 돌려 깎아 채 썬다.

2. 달군 팬에 식용유를 두르고 오이를 넣어 1분간 볶는다.

3. 볼에 따뜻한 밥, 고추장, 참기름, 통깨를 넣어 골고루 섞는다.

4. 김밥 김에 달걀지단 1장을 올린다. 그 위에 밥 1/2분량을 올려 펼친 후 꼭꼭 누른다. 준비한 재료를 1/2분량씩 올려 돌돌 만다. 같은 방법으로 1개 더 만들어 먹기 좋은 크기로 썬다.

 별미 김밥

아삭하고 상큼하게 즐기는 가벼운 한 끼
크래미 샐러드 김밥

2인분 / 20~30분

- 따뜻한 양념 밥 1과 1/2공기 (300g, 밥 양념하기 12쪽)
- 김밥 김 2장
- 청상추 4장
- 크래미 4개(72g)
- 오이 1개(200g)
- 양파 1/4개(50g)
- 단무지 2줄
- 마요네즈 5큰술
- 홀그레인 머스터드 1큰술 (또는 생 와사비 1작은술, 기호에 따라 가감)
- 설탕 1작은술

1. 오이는 4등분한 후 씨 부분을 제외하고 돌려 깎아 채 썬다. 양파는 가늘게 채 썬다.

2. 크래미는 결대로 찢는다.

3. 볼에 오이, 양파, 크래미, 마요네즈, 홀그레인 머스터드, 설탕을 넣어 섞는다.

4. 김밥 김에 양념 밥 1/2분량을 골고루 펼친 후 꼭꼭 누른다. 그 위에 청상추 2장을 포개어 올리고 준비한 재료를 1/2분량씩 올린다.

5. 청상추로 먼저 위에 올린 재료를 감싼 후 김밥을 돌돌 만다. 같은 방법으로 1개 더 만들어 먹기 좋은 크기로 썬다.

 별미김밥

초간단 도시락 메뉴로 강추!

멸추 김밥

2인분 / 10~20분

- 따뜻한 밥 1과 1/2공기(300g)
- 김밥 김 2장
- 멸치볶음 1/2컵(80g, 만들기 18쪽)
- 청양고추 2개(기호에 따라 가감)
- 단무지 2줄
- 통깨 1큰술
- 참기름 1큰술

Tip /
맵지 않게 만들기
아이와 함께 먹기 위해 준비한다면 청양고추 대신 아삭한 오이를 넣어 만들어요. 오이 1/3개를 씨 부분을 제외하고 돌려 깎아 잘게 다져서 같은 방법으로 만들면 됩니다.

1. 단무지, 청양고추, 멸치볶음은 잘게 다진다.

2. 볼에 따뜻한 밥, ①의 재료, 통깨, 참기름을 넣어 골고루 섞는다.

3. 김밥 김에 ②의 1/2분량을 골고루 펼친 후 꼭꼭 누른다. 아래쪽 끝부터 최대한 얇게 돌돌 만다. 같은 방법으로 1개 더 만들어 먹기 좋은 크기로 썬다.
   * 김밥을 속재료 없이 말면 김이 회오리처럼 감겨 재밌는 모양이 된답니다.

 별미김밥

아이들도 남편도 좋아하는 인기 만점 메뉴
진미채 달걀 김밥

2인분 / 15~25분

- 따뜻한 양념 밥 1과 1/2공기
  (300g, 밥 양념하기 12쪽)
- 김밥 김 2장
- 청상추 4장
- 진미채볶음 1컵(70g, 만들기 18쪽)
- 달걀지단 2장 분량(만들기 14쪽)
- 단무지 2줄

① 달걀지단은 돌돌 말아 채 썬다.

② 김밥 김에 양념 밥 1/2분량을 골고루 펼친 후 꼭꼭 누른다. 그 위에 청상추 2장을 포개어 올리고 준비한 재료를 1/2분량씩 올린다.

③ 청상추로 먼저 위에 올린 재료를 감싼 후 김밥을 돌돌 만다. 같은 방법으로 1개 더 만들어 먹기 좋은 크기로 썬다.

 별미 김밥

한입에 쏙쏙 넣어
먹는 재미가 있는

어묵 꼬마 김밥

2인분 / 30~40분

- 따뜻한 양념 밥 1과 1/2공기
  (300g, 밥 양념하기 12쪽)
- 김밥 김 4장
- 사각 어묵 2장
- 오이 1개(200g)
- 단무지 4줄
- 달걀지단 2장 분량(만들기 14쪽)
- 식용유 1큰술
- 다진 마늘 1작은술

어묵 양념
- 다진 청양고추 1개분(생략 가능)
- 고춧가루 1큰술(생략 가능)
- 설탕 1작은술
- 양조간장 1작은술
- 참치액 1작은술

Tip /
맵지 않게 만들기
어묵 양념에서 다진 청양고추,
고춧가루를 제외하고 만들면 맵지
않아 아이들도 맛있게 먹을 수 있는
꼬마 김밥을 만들 수 있어요.

1. 오이는 4등분한 후 씨 부분을 제외하고 돌려 깎아 채 썬다. 사각 어묵은 가늘게 채 썬다.

2. 달걀지단은 어묵 크기로 채 썬다. 단무지는 길이대로 2등분한 후 다시 반으로 썬다.

3. 김밥 김은 4등분한다.

4. 볼에 어묵 양념을 넣어 섞은 후 어묵을 넣고 골고루 무친다.

5. 달군 팬에 식용유를 두르고 다진 마늘을 넣어 약한 불에서 1분간 볶는다. ④를 넣어 약한 불에서 2분간 볶아 한김 식힌다.

6. 김밥 김에 양념 밥 1/16분량 (1큰술 정도)을 골고루 펼친 후 꼭꼭 누른다. 준비한 재료를 1/16분량씩 올려 돌돌 만다. 같은 방법으로 15개 더 만들어 먹기 좋은 크기로 썬다.

 별미김밥

밥 대신 달걀지단으로 가득 채운
달걀지단 키토 김밥

2인분 / 20~40분

- 김밥 김 2장
- 달걀지단 4장 분량(만들기 14쪽)
- 당근볶음 1/2개분(100g, 만들기 16쪽)
- 우엉조림 1/2컵(85g, 만들기 17쪽)
- 단무지 2줄
- 김밥용 햄 2줄
- 식용유 1/2큰술

1 달걀지단은 돌돌 말아 채 썬다.

2 달군 팬에 식용유를 두르고 김밥용 햄을 넣어 2~3분간 볶는다.
  * 끓는 물(3컵)에 넣어 1분간 데친 후 체에 밭쳐 물기를 제거하고 사용해도 좋아요.

3 김밥 김에 달걀지단 1/2분량을 올린다. 그 위에 준비한 재료를 1/2분량씩 올려 돌돌 만다. 같은 방법으로 1개 더 만들어 먹기 좋은 크기로 썬다.

 별미 김밥

사먹는 것보다 맛있다!

충무 김밥

1. 무는 한입 크기로 썬다. 볼에 무절임 양념과 무를 넣고 버무려 30분간 절여 물기를 꽉 짠다.
   * 무의 크기를 비슷하게 썰어야 절임의 정도가 균일해요.

2. 사각 어묵은 길이로 2등분해 1cm 폭으로 썬다. 반건조 오징어도 어묵과 비슷한 크기로 썬다.

2인분 / 30~40분(+ 무 절이기 30분)

- 따뜻한 밥 2공기(400g)
- 김밥 김 4장
- 무 1토막(200g)
- 사각 어묵 2장(100g)
- 반건조 오징어 1마리(150g)

무절임 양념
- 설탕 2큰술
- 식초 2와 1/2큰술
- 소금 1작은술

무김치 양념
- 다진 파 1큰술
- 고춧가루 1큰술
- 멸치 액젓 1작은술
  (또는 까나리 액젓)
- 다진 마늘 1작은술

오징어 어묵무침 양념
- 송송 썬 대파 15cm분
- 설탕 1큰술
- 고춧가루 2큰술
- 통깨 1큰술
- 참기름 1큰술
- 다진 마늘 1/2작은술
- 양조간장 1작은술
- 참치액 2작은술(또는 멸치 액젓)
- 식초 1작은술

3. 끓는 물(3컵)에 어묵을 넣어 1분간 데친다. 그 물에 반건조 오징어를 넣고 2분간 데친 후 둘다 찬물에 헹궈 물기를 꽉 짠다.

4. 볼에 ③, 오징어 어묵무침 양념을 넣어 골고루 버무린다.

5. 다른 볼에 무김치 양념을 넣어 섞은 후 절인 무를 넣고 버무린다.

6. 김밥 김을 2등분한 후 밥 1/8분량을 골고루 펼친 후 꼭꼭 눌러 돌돌 만다. 같은 방법으로 7개 더 만든 후 3등분한다. 무김치, 오징어 어묵무침을 곁들인다.

 별미김밥

건강한 양배추쌈을
김밥으로 즐길 수 있는

멸추 양배추쌈 김밥

2인분 / 15~25분

- 따뜻한 밥 2공기(400g)
- 김밥 김 2장
- 양배추 4장(손바닥 크기)
- 멸치볶음 1컵(160g, 만들기 18쪽)
- 청양고추 2개(기호에 따라 가감, 생략 가능)
- 단무지 2줄
- 김밥용 햄 2줄
- 통깨 1큰술
- 참기름 1큰술
- 식용유 1/2큰술

양념장
- 쌈장 1큰술
- 마요네즈 1큰술
- 통깨 1큰술

Tip /
맵지 않게 만들기
아이와 함께 먹기 위해 준비한다면
청양고추를 생략하고 만들어요.

1. 끓는 소금물(물 3컵 + 소금 1작은술)에 양배추를 넣어 2~4분간 데친다. 찬물에 헹궈 체에 밭쳐 물기를 뺀다.
   * 물기가 남아있다면 키친타월로 모두 제거하세요. 양배추의 두꺼운 심지 부분은 제거해야 김밥 말기 좋아요.

2. 청양고추는 잘게 다진다. 멸치볶음은 굵게 다진다.

3. 볼에 따뜻한 밥, 멸치볶음, 청양고추, 통깨, 참기름을 넣어 골고루 섞는다.

4. 달군 팬에 식용유를 두르고 김밥용 햄을 넣어 중간 불에서 2~3분간 볶는다.
   * 끓는 물(3컵)에 넣어 1분간 데친 후 체에 밭쳐 물기를 제거하고 사용해도 좋아요.

5. 김밥 김에 밥 1/2분량을 골고루 펼친 후 꼭꼭 누른다. 양배추 2장을 포개어 김밥 김 크기로 만든 후 김밥의 밥 부분이 양배추에 닿도록 뒤집어 올린다.

6. 단무지, 햄을 1개씩 올려 돌돌 만다. 같은 방법으로 1개 더 만들어 먹기 좋은 크기로 썬다. 양념장 재료를 섞어 곁들인다.

 별미김밥

아삭한 김치, 부드러운 크림치즈의 절묘한 조화

청양 크림치즈 김밥

1 청양고추는 잘게 다진다.

2인분 / 15~25분

- 따뜻한 양념 밥 1과 1/2공기
  (300g, 밥 양념하기 12쪽)
- 김밥 김 2장
- 청양고추 4개(기호에 따라 가감)
- 크림치즈 5큰술(100g)
- 청상추 4장
- 오이 1/2개(100g)
- 씻은 배추김치 1/2컵(70g)

양념장
- 양조간장 1큰술
- 올리고당 1작은술
- 생 와사비 1작은술(기호에 따라 가감)

2 볼에 청양고추, 크림치즈를 넣고 골고루 섞는다.
* 크림치즈는 실온에 두어야 청양고추와 잘 섞여요.

3 오이는 씨 부분을 제외하고 돌려 깎아 채 썬다.
씻은 배추김치는 길이대로 길게 썬다.

4 김밥 김에 양념 밥 1/2분량을 골고루 펼친 후 꼭꼭 누른다. 그 위에 청상추 2장을 포개어 올리고 ②의 1/2분량을 길게 올린다.

Tip /
맵지 않게 만들기
청양고추 대신 아삭이고추 1개를 다져 사용하거나, 오이 1/3개를 씨 부분을 제외하고 돌려 깎아 다져 넣으면 매운 맛은 빼고 아삭한 식감은 살린 크림소스를 만들 수 있어요.

5 청상추로 먼저 속재료를 감싼 후 배추김치, 오이를 1/2분량씩 올려 김밥을 돌돌 만다. 같은 방법으로 1개 더 만들어 먹기 좋은 크기로 썬다. 양념장 재료를 섞어 곁들인다.

 별미 김밥

고소한 아보카도와 짭조롬한 명란을 한입에!

명란 아보카도 샐러드 김밥

2인분 / 15~25분

- 따뜻한 양념 밥 1과 1/2공기
  (300g, 밥 양념하기 12쪽)
- 김밥 김 2장
- 양배추 2장(손바닥 크기)
- 저염 명란젓 2줄(70g)
- 아보카도 1/2개
- 마요네즈 2큰술(기호에 따라 가감)

Tip /
양념장 곁들이기
작은 볼에 양조간장 1큰술,
올리고당 1작은술을 넣은 후 기호에 따라
생 와사비를 곁들여 양념장을 만들어
곁들여도 잘 어울려요.

1. 양배추는 가늘게 채 썬다.
볼에 넣고 마요네즈를 넣어 버무린다.

2. 아보카도는 길게 칼집을 낸 후 2등분한다.

3. 칼로 씨를 콕 찍어 돌려 뺀 후
껍질을 벗긴다.

4. 저염 명란젓의 양념은 흐르는 물에 닦는다.
키친타월에 올려 물기를 제거한 후
길게 2등분한다. 아보카도는 4등분한다.

5. 김밥 김에 양념 밥 1/2분량을 골고루 펼친 후
꼭꼭 누른다. 그 위에 준비한 재료를
1/2분량씩 올려 돌돌 만다. 같은 방법으로
1개 더 만들어 먹기 좋은 크기로 썬다.

 별미 김밥

참치 김치볶음밥을 김으로 싸 먹는 바로 그 맛
참치 김치볶음 김밥

2인분 / 20~30분

- 밥 1과 1/2공기(300g)
- 김밥 김 2장
- 참치 통조림 1캔(100g)
- 잘 익은 배추김치 1컵(150g)
- 대파 15cm
- 치즈 달걀말이 2개 분량(만들기 15쪽)
- 식용유 1큰술
- 고추장 1큰술
- 설탕 1/2큰술
- 무염 버터 1큰술(10g)

Tip /
맵지 않게 만들기
배추김치는 흐르는 물에 씻어 양념을 덜어내고 물기를 꽉 짜서 사용해요. 고추장은 생략하고 간이 부족하면 양조간장 1작은술을 더해서 맛을 내면 됩니다.

1　참치는 체에 밭쳐 기름기를 뺀다. 잘 익은 김치는 속을 덜어내고 송송 썬다. 대파는 송송 썬다.

2　달군 팬에 식용유를 두르고 대파를 넣어 약한 불에서 1분간 볶는다. 김치를 넣고 6~7분간 더 볶는다.

3　②의 팬에 밥, 고추장, 설탕, 버터를 넣어 잘 섞는다. 참치를 넣고 3분간 더 볶아 한김 식힌다.

4　김밥 김 위에 ③의 밥 1/2분량을 골고루 펼친 후 꼭꼭 누른다. 그 위에 치즈 달걀말이 1개를 올려 돌돌 만다. 같은 방법으로 1개 더 만들어 먹기 좋은 크기로 썬다.

 별미김밥

58

초밥 대신 고소한 밥으로 만든
연어 후토마키

2인분 / 25~35분

- 따뜻한 양념 밥 1공기
  (200g, 밥 양념하기 12쪽)
- 김밥 김 3장
- 생 연어 200g(또는 생 참치)
- 달걀말이 2개 분량(만들기 15쪽)
- 시판 새우튀김 4개
- 오이 1개(200g)
- 단무지 4줄

양념장
- 양조간장 1큰술
- 올리고당 1작은술
- 생 와사비 1작은술(기호에 따라 가감)

Tip /
새콤한 초밥으로 즐기기
후토마키는 김에 초밥을 올려 회나 튀김 등을 넣어 만든 일본식 김초밥이에요. 담백한 밥으로 만들었지만 밥 양념을 새콤하게 응용해도 좋아요. 참기름 1큰술, 소금 1/3작은술, 설탕 1작은술, 식초 2작은술을 따뜻한 밥에 섞어서 김밥을 만들어보세요.

1. 오이는 4등분한 후 씨 부분을 제외하고 돌려 깎아 채 썬다. 단무지는 길이로 열십(+)자로 썬다.

2. 달걀말이는 길이로 2등분한다. 생 연어는 길이로 2등분한다.
   * 연어의 두께와 모양에 따라 길게 썰어요.

3. 새우튀김은 포장지에 적혀 있는 방법으로 조리한 후 한김 식힌다.

4. 김밥 김 1장은 반으로 자른다. 나머지 김밥 김 끝에 물을 묻힌 후 각각 반장씩 붙여 길게 만든다.
   * 다른 김밥에 비해 속재료가 많아서 김을 좀 더 길게 붙여서 말아야 단단하고 눅눅해지지 않게 만들 수 있어요.

5. 김밥 김에 양념 밥 1/2분량을 골고루 펼친 후 꼭꼭 누른다. 그 위에 준비한 재료를 1/2분량씩 올려 돌돌 만다. 같은 방법으로 1개 더 만들어 먹기 좋은 크기로 썬다. 양념장 재료를 섞어 곁들인다.

 별미 김밥

매콤한 오징어를 깻잎과 무쌈으로
감싸 색다르게 즐기는

불오징어 김밥

2인분 / 20~30분

- 따뜻한 양념 밥 1과 1/2공기
  (300g, 밥 양념하기 12쪽)
- 김밥 김 2장
- 오징어 몸통 1마리분
  (200g, 손질 후 150g)
- 깻잎 8장(또는 상추)
- 쌈무 4장
- 식용유 1큰술

양념
- 다진 청양고추 1개분(생략 가능)
- 다진 대파 1큰술
- 설탕 1큰술
- 고춧가루 1큰술(생략 가능)
- 양조간장 1큰술
- 참기름 1큰술
- 다진 마늘 1작은술
- 소금 1/4작은술

Tip /
맵지 않게 만들기
오징어 양념을 만들 때 청양고추,
고춧가루를 생략하고 만들면 맵지
않은 오징어볶음을 만들 수 있어요.

1 오징어 몸통은 물기를 제거하고
   길게 1cm 두께로 썬다.

2 볼에 오징어를 담고
   양념 재료와 함께 버무린다.

3 깻잎은 꼭지를 뗀다.
   쌈무는 키친타월에 올려 물기를 뺀다.

4 달군 팬에 식용유를 두르고
   ②를 넣어 중간 불에서 3분간 볶는다.

5 김밥 김에 양념 밥 1/2분량을
   골고루 펼친 후 꼭꼭 누른다. 그 위에 깻잎을
   2장씩 포개어 양쪽에 올리고 쌈무 2장,
   ④의 1/2분량을 올린다.

6 깻잎과 쌈무로 먼저 오징어볶음을
   감싼 후 김밥을 돌돌 만다.
   같은 방법으로 1개 더 만들어
   먹기 좋은 크기로 썬다.

 별미 김밥

입안 가득 고소한 전복향이 가득
전복 달걀말이 김밥

2인분 / 25~35분

- 따뜻한 밥 1공기(200g)
- 김밥 김 2장
- 전복 1개(50g)
- 달걀말이 2개 분량(만들기 15쪽)
- 양파 1/8개(25g)
- 당근 1/10개(20g)
- 다진 대파 1큰술
- 다진 마늘 1작은술
- 청주 1큰술
- 무염 버터 1큰술(10g)
- 식용유 1작은술
- 참치액 1큰술(또는 멸치 액젓)
- 통깨 1큰술
- 소금 1/4작은술(기호에 따라 가감)

Tip /
더 고소하게 즐기기

일반 달걀말이 대신 치즈 달걀말이(만들기 15쪽)를 넣어 만들면 좀 더 고소한 맛의 전복 김밥을 만들 수 있어요.

1. 전복은 솔로 깨끗이 씻는다.

2. 껍질에 숟가락을 넣어 살을 분리한다.

3. 내장과 전복살을 분리한다. 살은 잘게 다지고, 내장은 볼에 넣어 으깬다. 전복 내장에 청주(1큰술)를 넣어 섞는다.

4. 양파, 당근은 잘게 다진다. 달걀말이는 길게 2등분한다.

5. 달군 팬에 버터, 식용유를 두르고 다진 대파, 다진 마늘을 넣어 약한 불에서 1분간 볶는다. 양파, 당근, 밥, 전복 내장을 넣어 5분간 볶는다. 다진 전복살, 참치액, 통깨를 넣어 1분간 더 볶고 부족한 간은 소금으로 더한다.

6. 김밥 김에 ⑤의 1/2분량을 골고루 펼친 후 꾹꾹 누른다. 달걀말이 1개를 올려 돌돌 만다. 같은 방법으로 1개 더 만들어 먹기 좋은 크기로 썬다.

 별미김밥

다이어트 할 때도 걱정 없는 담백하고 향긋한

데리야키 닭안심 김밥

2인분 / 20~30분

- 따뜻한 양념 밥 1과 1/2공기
  (300g, 밥 양념하기 12쪽)
- 김밥 김 2장
- 닭안심 4개(120g)
- 참나물(잎부분만) 50g
- 채 썬 당근 1/6개 분량(약 30g)
- 채 썬 오이 1/2개 분량(약 100g)
- 채 썬 양파 1/4개 분량(50g)
- 식용유 2큰술

닭 밑간
- 청주 1큰술
- 다진 마늘 1작은술

데리야키 양념
- 편 썬 생강 4~5조각(5g)
- 양조간장 1과 1/2큰술
- 올리고당 1큰술
- 맛술 1큰술
- 물 2큰술

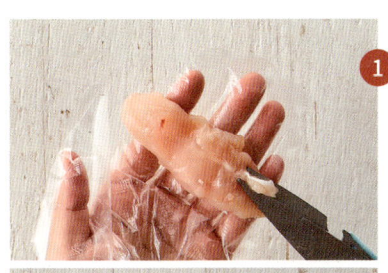

1 가위로 닭안심의 힘줄과 막을 제거한다.

2 볼에 밑간 재료와 닭안심을 넣고 버무려 10분 이상 재운다. 다른 볼에 데리야키 양념 재료를 넣어 섞는다.

3 달군 팬에 식용유를 두르고 닭안심을 넣어 약한 불에서 2분, 뒤집어서 1분간 굽는다.

4 데리야키 양념을 넣어 약한 불에서 3분간 졸인 후 중간 불로 올려 1분간 자작하게 더 끓인다.
  * 너무 크지 않은 팬에서 졸여야 양념이 닭에 잘 배고 타지 않아요.

5 김밥 김에 양념 밥 1/2분량을 골고루 펼친다. 그 위에 준비한 재료를 1/2분량씩 올려 돌돌 만다. 같은 방법으로 1개 더 만들어 먹기 좋은 크기로 썬다.

 별미 김밥

불닭의 매콤한 맛을 치즈 달걀말이가 감싸주는
달걀말이 불닭 김밥

2인분 / 25~35분

- 따뜻한 양념 밥 1과 1/2공기
  (300g, 밥 양념하기 12쪽)
- 김밥 김 2장
- 닭안심 4개(120g)
- 치즈 달걀말이 2개 분량(만들기 15쪽)
- 깻잎 8장
- 쌈무 4장(또는 단무지 2줄)
- 식용유 1큰술

불닭 양념
- 다진 청양고추 2개분
- 고춧가루 1큰술
- 설탕 1큰술
- 청주 1큰술
- 고추장 1큰술
- 양조간장 1작은술
- 다진 마늘 1작은술

Tip /
맵지 않게 만들기
양념에서 다진 청양고추, 고춧가루, 고추장을 생략하고 양조간장을 1작은술 더해서 만들어보세요. 또는 데리야키 양념(65쪽 참고)으로 대체해서 만들어도 좋아요.

1. 가위로 닭안심의 힘줄과 막을 제거한 후 길이대로 2등분한다.

2. 볼에 닭안심을 넣고 불닭 양념에 골고루 버무려 10분간 재운다.

3. 달군 팬에 식용유를 두르고 ②를 올려 앞뒤로 뒤집어가며 약한 불에서 3~6분간 익힌다.

4. 김밥 김에 양념 밥 1/2분량을 골고루 펼친 후 꼭꼭 누른다. 그 위에 깻잎을 2장씩 포개어 양쪽에 올리고 쌈무 2장, ③의 1/2분량을 올린다.

5. 깻잎으로 먼저 불닭을 감싼 후 치즈 달걀말이 1개를 올려 김밥을 돌돌 만다. 같은 방법으로 1개 더 만들어 먹기 좋은 크기로 썬다.

 별미김밥

이제 삼겹살 쌈은
김밥으로 즐기세요!

삼겹살 쌈장 김밥

2인분 / 25~35분

- 따뜻한 밥 1과 1/2공기(300g)
- 김밥 김 2장
- 얇은 삼겹살 4장(250g)
- 청상추 4장
- 대파 20cm
- 오이고추 2개

대파 무침 양념
- 설탕 1작은술
- 고춧가루 1작은술
- 양조간장 1작은술
- 식초 1작은술

밥 양념
- 통깨 1큰술
- 참기름 1큰술
- 쌈장 2큰술(기호에 따라 가감)

Tip /
맵지 않게 만들기
오이고추 대신 파프리카 1/3개를 채 썬 후 사용하면 좋아요. 대파도 매울 수 있으니 생략하세요.

1. 대파는 가늘게 채 썰어 체에 밭쳐 찬물에 헹궈 물기를 뺀다. 오이고추는 길게 2등분에 씨를 제거한다.

2. 삼겹살은 좋아하는 익힘 정도에 맞춰 구운 후 키친타월에 올려 기름기를 제거한다.

3. 볼에 대파, 대파 무침 양념을 넣어 골고루 섞는다.

4. 다른 볼에 따뜻한 밥, 밥 양념을 넣고 골고루 섞는다.

5. 김밥 김에 ④의 1/2분량을 골고루 펼친 후 꼭꼭 누른다. 청상추를 2장 포개어 올리고 그 위에 준비한 재료를 1/2분량씩 올린다.

6. 청상추로 먼저 속재료를 감싼 후 김밥을 돌돌 만다. 같은 방법으로 1개 더 만들어 먹기 좋은 크기로 썬다.

 별미 김밥

파티 메뉴로도 손색 없는

육회말이 김밥

2인분 / 15~25분

- 따뜻한 양념 밥 1공기
  (200g, 밥 양념하기 12쪽)
- 김밥 김 2장
- 채 썬 육회용 쇠고기(우둔살) 200g
- 양파 1/4개(50g)
- 청상추 4장
- 쪽파 4줄기

육회 양념
- 설탕 2/3큰술
- 양조간장 1큰술
- 고추장 1큰술
- 참기름 1큰술
- 생 와사비 1작은술

Tip /
색다르게 즐기기
쪽파 대신 파김치를 넣어서
김밥을 만들어보세요. 좀 더
감칠맛 나게 즐길 수 있답니다.

1. 양파는 가늘게 채 썰어 흐르는 물에 헹궈 물기를 뺀다. 청상추는 흐르는 물에 씻어 물기를 뺀다.

2. 볼에 채 썬 육회, 육회 양념을 넣어 골고루 버무린다.

3. 김밥 김에 양념 밥 1/2분량을 골고루 펼친 후 꼭꼭 누른다. 청상추 2장을 포개어 올리고 준비한 재료를 1/2분량씩 올린다.

4. 청상추로 먼저 속재료를 감싼 후 김밥을 돌돌 만다. 같은 방법으로 1개 더 만들어 먹기 좋은 크기로 썬다.

매일 만들어 먹고 싶은

주 / 먹 / 밥

간단한 재료를 넣은 심플한 주먹밥부터 고급스런 재료를 활용한 특별한 주먹밥까지 다양하게 소개합니다.
가벼운 한 끼부터 도시락까지, 가끔은 손님 초대 메뉴로 활용해도 좋아요.

 주먹밥

고소한 들기름과 나물을 듬뿍 넣어 한입에 쏙쏙!
들기름 나물 주먹밥

2인분 / 15~25분

- 따뜻한 밥 1과 1/2공기(300g)
- 나물무침 1/2컵
  (80g, 만들기 17쪽)
- 단무지 3줄
- 김자반 1/2컵(20g)
- 통깨 1큰술
- 들기름 1큰술(또는 참기름)

1. 나물무침은 송송 썰고, 단무지는 잘게 다진다.

2. 볼에 모든 재료를 넣고 골고루 섞는다.

3. 14~16등분으로 나눠 손으로 꼭꼭 쥐어 한입 크기의 동그란 모양으로 만든다.

Tip /
색다르게 즐기기
담백한 맛의 주먹밥이라 김밥으로도 잘 어울려요. 김밥 김 1장에 밥 1/2분량을 올려 펼친 후 기호에 따라 햄, 달걀지단 등을 곁들여 김밥으로 즐겨보세요.

 주먹밥

감칠맛 나는 카레가루를 넣어 입맛을 돋우는

카레 김자반 주먹밥

2인분 / 15~25분

- 따뜻한 밥 1과 1/2공기(300g)
- 김자반 1/4컵(10g)
- 양파 1/4개(50g)
- 당근 1/7개(약 30g)
- 식용유 1큰술
- 다진 마늘 1작은술
- 카레가루 2큰술

Tip /
좀 더 간단하게 만들기
밤 모양으로 만들기가 어렵다면 동그랗거나 세모 모양으로 만들어도 좋아요. 김자반도 밥에 넣어 섞어서 만들어도 좋고요.

① 양파, 당근은 잘게 다진다.

② 달군 팬에 식용유를 두르고 다진 마늘, 양파를 넣어 약한 불에서 1분간 볶는다. 당근을 넣고 1분간 더 볶는다.

③ 카레가루를 넣고 1분간 더 볶는다.

④ 볼에 따뜻한 밥, ③을 넣어 골고루 섞는다. 8등분으로 나눠 손으로 꼭꼭 쥐어 밤 모양으로 만든다.

⑤ 주먹밥의 아랫쪽에 김자반을 묻힌다.

 주먹밥

아삭아삭 씹히는 맛이 일품인
오이 우엉 주먹밥

2인분 / 15~25분

- 따뜻한 밥 1과 1/2공기(300g)
- 오이 1/2개(100g)
- 우엉조림 1/2컵(85g, 만들기 17쪽)
- 참기름 1큰술
- 통깨 1큰술
- 소금 약간
  (우엉조림 염도에 따라 가감)

1 오이는 길게 4등분한 후 가운데 씨 부분을 제거하고 사방 0.5cm 크기로 썬다. 우엉조림도 오이와 같은 크기로 썬다.

2 볼에 모든 재료를 넣고 골고루 섞는다. 14~16등분으로 나눠 손으로 꼭꼭 쥐어 한입 크기의 동그란 모양으로 만든다.

Tip /
색다르게 즐기기
아삭한 오이와 우엉조림이 들어가 김밥으로 즐겨도 좋아요. 김밥 김 위에 양념한 밥을 펼쳐 올린 후 아랫쪽부터 얇게 돌돌 말아 만들어보세요.

 주먹밥

톡톡 터지는 날치알과 부드러운 달걀 스크램블의 조화

날치알 달걀 삼각 주먹밥

2인분 / 15~25분

- 따뜻한 밥 1과 1/2공기(300g)
- 김밥 김 2장
- 날치알 4큰술(40g)
- 달걀 2개
- 단무지 3줄
- 무염 버터 1큰술(10g)
- 참기름 1큰술
- 소금 1/2작은술

1. 볼에 달걀, 소금을 넣어 푼다.
달군 팬에 버터를 올려 다 녹인 후
약한 불에서 달걀물을 넣어
2~3분간 저어가며 스크램블을 만든다.

2. 김밥 김은 4등분한다.
단무지는 잘게 다진다.

3. 볼에 밥, 날치알, 단무지, ①, 참기름을
넣고 골고루 섞는다. 8등분으로 나눠
손으로 꼭꼭 쥐어 삼각형 모양으로 만든다.

4. 자른 김밥 김 1장으로 주먹밥의
반만 감싼다. 같은 방법으로 나머지도 만든다.
* 완성 사진처럼 김밥 김을 더 작게 잘라
가운데만 감싸도 좋아요.

 주먹밥

편의점 삼각김밥 인기 메뉴를
그대로!

전주비빔밥
삼각 주먹밥

1. 당근은 가늘게 채 썬다.
콩나물은 체에 밭쳐 흐르는 물에 헹궈
물기를 뺀다. 김밥 김은 길게 2등분한다.

2. 볼에 고기 양념 재료를 넣어 섞은 후
다진 쇠고기를 넣어 버무린다.

2인분 / 20~30분

- 따뜻한 밥 1과 1/2공기(300g)
- 김밥 김 3장
- 당근 1/7개(30g)
- 콩나물 1줌(50g)
- 다진 쇠고기 100g
- 식용유 1큰술
- 통깨 1큰술
- 참기름 1큰술
- 고추장 2큰술

고기 양념
- 양조간장 1큰술
- 설탕 2작은술
- 다진 마늘 1작은술

3. 달군 팬에 식용유를 두르고
당근, 콩나물을 넣고
중간 불에서 4분간 볶은 후 덜어둔다.
* 콩나물이 길면 가로로 2~3번 잘라서
사용하세요.

4. ③의 팬을 다시 달궈 ②를 넣고
중간 불에서 2분간 볶는다.

5. 볼에 밥, ③, ④, 통깨, 참기름,
고추장을 넣고 골고루 섞는다.
6등분으로 나눠 손으로 꼭꼭 쥐어
삼각형 모양으로 만든다.

Tip /
맵지 않게 만들기
과정 ⑤에서 고추장을 생략하고
소금 1/2작은술, 통깨, 참기름을 넣고
먼저 섞은 후 나물, 볶은 쇠고기를 넣어
골고루 섞어 만드세요.

6. 자른 김밥 김 1장에 주먹밥을 올린 후 감싼다.
같은 방법으로 나머지도 만든다.

 주먹밥

아삭한 오이와 스팸을
상큼한 소스에 버무린

스팸 오이
샐러드 주먹밥

2인분 / 15~20분

- 따뜻한 밥 1과 1/2공기(300g)
- 김밥 김 1장
- 슬라이스 스팸 1장(80g)
- 오이 1/2개(100g)
- 마요네즈 3큰술
- 머스터드 1큰술
- 올리고당 1작은술

밥 양념
- 통깨 1큰술
- 참기름 1큰술
- 소금 1/2작은술

① 끓는 물(3컵)에 스팸을 넣어
1분간 데친 후 체에 밭쳐 물기를 제거한다.

② 오이는 2등분한 후
씨 부분을 제외하고
돌려 깎아 가늘게 채 썬다.
스팸은 오이와 같은 크기로 채 썬다.

③ 볼에 스팸, 오이, 마요네즈, 머스터드,
올리고당을 넣어 골고루 섞는다.

④ 김밥 김은 8등분한다.

⑤ 볼에 따뜻한 밥, 밥 양념을 넣어
골고루 섞는다. 8등분으로 나눠 손으로
꼭꼭 쥐어 타원형 모양으로 만든다.

⑥ 자른 김밥 김 1장에 밥을 올리고
김밥 김을 접은 후
③을 1/8분량씩 올린다.

 주먹밥

86

버섯향 가득한 밥을 감태로 감싸
고급스러운 맛과 모양

버섯 치즈 감태 주먹밥

1. 말린 표고버섯은 따뜻한 물
(뜨거운 물 1과 1/2컵 + 찬물 1과 1/2컵)에
20분간 담가 불린다.
물기를 꽉 짠 후 굵게 다진다.

2. 달군 작은 냄비에 다진 버섯과 버섯 양념을
넣고 중간 불에서 저어가며 3분간,
약한 불로 줄여 2분간 볶는다.

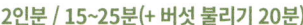

2인분 / 15~25분(+ 버섯 불리기 20분)

- 따뜻한 밥 1과 1/2공기(300g)
- 구운 감태 2장(김밥 김 크기)
- 말린 표고버섯 5~6개(30g)
- 크림치즈 2와 1/2큰술(50g)
- 매실청 1큰술
- 생 와사비 2작은술
  (기호에 따라 가감, 생략 가능)
- 다진 오징어젓갈 약간
  (또는 낙지젓갈)

버섯 양념
- 물 1/4컵(50㎖)
- 설탕 1큰술
- 양조간장 1큰술
- 다진 마늘 1작은술

밥 양념
- 통깨 1큰술
- 참기름 1큰술
- 소금 1/3작은술

3. 볶은 버섯을 한김 식혀 볼에 담고
매실청, 생 와사비를 넣어 버무린다.

4. 볼에 따뜻한 밥, 크림치즈, ③을 넣어
골고루 섞는다.

5. 밥을 8등분으로 나눠 손으로 꼭꼭 쥐어
동그란 모양으로 만든다.
구운 감태로 주먹밥을 감싼다.

6. 그 위에 다진 오징어젓갈을 올린다.

 주먹밥

김치볶음과 달걀말이를 밥 속에 넣어 든든하게 즐기는

김치 달걀 밥버거

2인분 / 15~25분

- 따뜻한 밥 1과 1/2공기(300g)
- 잘 익은 배추김치 1/2컵(70g)
- 달걀 2개
- 참치액 1큰술(또는 멸치 액젓)
- 설탕 1작은술
- 식용유 1작은술 + 1작은술

밥 양념
- 통깨 1큰술
- 참기름 1큰술
- 김자반 1/2컵(20g)

1. 볼에 달걀, 참치액을 넣어 잘 섞는다. 배추김치는 양념을 덜어내고 송송 썬다.

2. 달군 사각 팬에 식용유(1작은술)를 두르고 키친타월로 닦아낸다. 약한 불에서 달걀물 1/2분량을 붓고 펼쳐 윗면이 거의 익으면 돌돌 만다. 다시 달걀물을 붓고 펼쳐 윗면이 거의 익으면 한번 더 돌돌 만다. 달걀말이는 4등분한다.

3. 달군 팬에 식용유(1작은술)를 두르고 배추김치, 설탕을 넣어 약한 불에서 5분간 볶는다.

4. 볼에 따뜻한 밥, 밥 양념을 넣어 골고루 섞는다. 8등분으로 나눈 후 동글넓적하게 만든다.

5. 밥 한 덩이 위에 김치볶음 1/4분량, 달걀말이 1조각을 올리고 그 위에 밥 한 덩이를 올려 손으로 꼭꼭 쥐어 동그랗게 만든다. 같은 방법으로 3개 더 만든다.
* 손으로만 뭉치기 어렵다면 랩 위에 올려 감싼 후 뭉쳐도 좋아요.

 주먹밥

부드러운 달걀 하나가 밥 안에 그대로!

반숙 달걀장 왕주먹밥

2인분 / 15~25분(+ 달걀장 숙성 6시간)

- 따뜻한 밥 1과 1/2공기(300g)
- 김밥 김 1/2장
- 달걀 4개(중란)

양념
- 송송 썬 고추 1개분
  (홍고추, 풋고추, 청양고추)
- 다진 양파 1/8개(25g)
- 생수 1/4컵(50㎖)
- 설탕 2와 1/2큰술
- 양조간장 3큰술
- 참치액 1큰술(또는 멸치 액젓)
- 맛술 2큰술

밥 양념
- 통깨 1큰술
- 참기름 1큰술
- 소금 1/3작은술

Tip /
좀 더 작게 만들기
아이들이 먹기에 크기가
부담스럽다면 달걀 대신 메추리알로
대체해도 됩니다. 삶은 메추리알
16개를 양념 재료에 넣고 숙성시켜
만들어보세요. 이때 고추를 생략하면
매운맛을 없앨 수 있어요.

1. 냄비에 물(4컵), 소금(1큰술), 식초(3큰술), 달걀을 넣고 센 불에서 끓어오르면 중간 불로 줄여 8분간 반숙으로 삶는다. 찬물에 담가 완전히 식힌 후 껍질을 벗긴다.
   * 완숙을 원한다면 12분간 삶아요.

2. 밀폐용기에 양념 재료를 넣고 섞는다. 달걀을 넣어 냉장실에서 6시간 이상 숙성한다.
   * 중간중간 달걀을 뒤적여가며 골고루 숙성시켜요.

3. 김밥 김은 길게 4등분한다.

4. 볼에 밥, 밥 양념을 넣어 골고루 섞는다. 8등분으로 나눠 둥글넓적하게 만든다.

5. 밥 한 덩이 위에 달걀 1개, 달걀장 양념에 있는 다진 양파, 다진 고추를 약간씩 올린다. 그 위에 밥 한 덩이를 올려 손으로 꼭꼭 쥐어 동그랗게 만든다. 자른 김밥 김 1장으로 감싼다. 같은 방법으로 3개 더 만든다.
   * 손으로만 뭉치기 어렵다면 랩 위에 올려 감싼 후 뭉쳐도 좋아요.

 주먹밥

일식 집에서 즐기는 달콤한 달걀말이를 밥 위에 올린

달콤 달걀말이 초밥

2인분 / 20~30분

- 따뜻한 밥 1과 1/2공기(300g)
- 김밥 김 1장
- 달걀 3개
- 참치액 1큰술(또는 멸치 액젓)
- 물 2큰술
- 맛술 1큰술
- 설탕 1큰술
- 식용유 1작은술
- 생 와사비 1큰술(생략 가능)

밥 양념
- 통깨 1큰술
- 설탕 1작은술
- 소금 2/3작은술
- 식초 2작은술
- 참기름 2작은술

1. 볼에 달걀, 참치액, 물, 맛술, 설탕을 넣어 섞는다. 김밥 김은 길게 8등분한다.

2. 달군 사각팬에 식용유를 두르고 약한 불에서 달걀물 1/5분량을 붓고 펼쳐 윗면이 거의 익으면 돌돌 만다. 한쪽에 다시 달걀물을 조금씩 붓고 펼쳐 윗면이 거의 익으면 돌돌 만다. 이 과정을 반복해 달걀말이를 완성한다.

3. 볼에 밥, 밥 양념을 넣어 골고루 섞는다. 8등분으로 나눠 손으로 꼭꼭 쥐어 타원형 모양으로 만든다.

4. 한김 식힌 달걀말이는 8등분한다.

5. 밥 위에 달걀말이 1개를 올린 후 자른 김밥 김 1장으로 감싼다. 김 위에 생 와사비를 조금씩 올린다.
* 김 끝이 아래로 가도록 말아야 풀리지 않아요.

 주먹밥

볶음밥을 베이컨으로 말아 한입에 쏙 먹는
베이컨말이밥

2인분 / 20~30분

- 따뜻한 밥 1과 1/2공기(300g)
- 베이컨 10장
- 다진 채소 1컵
  (양파, 당근, 애호박 등, 150g)
- 식용유 1큰술
- 소금 1/3작은술
- 통깨 1큰술
- 참기름 1큰술

1. 달군 팬에 식용유를 두르고 다진 채소를 넣고 중약 불에서 5분간 볶는다.

2. 볼에 따뜻한 밥, 볶은 채소, 소금, 통깨, 참기름을 넣어 골고루 섞는다.

3. 10등분으로 나눠 손으로 꼭꼭 쥐어 타원형 모양으로 만든다.

4. 베이컨 1장에 밥 한 덩이를 올려 돌돌 만다. 같은 방법으로 나머지도 만든다.

5. 달군 팬에 베이컨의 이음 부분을 아래쪽으로 두고 약한 불에서 굴려가며 3~5분간 굽는다.
   * 베이컨의 두께에 따라 굽는 시간을 가감하세요.

 주먹밥

짭조름한 연어장을 듬뿍 올려
맛있게 즐기는 별미

연어장
군함 초밥

2인분 / 10~20분 (+ 연어장 숙성 6시간)

- 따뜻한 밥 1과 1/2공기(300g)
- 김밥 김 2장
- 생 연어 200g (또는 생 참치)
- 양파 1/4개(50g)
- 청양고추 1개(기호에 따라 가감)
- 홍고추 1개

연어장 양념
- 물 1/4컵(50㎖)
- 양조간장 1큰술
- 참치액 1큰술
- 맛술 1큰술
- 설탕 1작은술
- 통깨 1작은술

밥 양념
- 통깨 1큰술
- 설탕 1작은술
- 소금 2/3작은술
- 식초 2작은술
- 참기름 2작은술

Tip /
군함 초밥 알고 먹기
새콤하게 양념한 밥을 김으로
둘러싸고, 그 위에 회나 생선알 등을
올린 초밥이에요. 모양이 군함처럼
생겼다고 하여 붙여진 이름이죠.
주로 연어알, 성게 등 무너지기 쉬운
재료를 올려 만들어요.

1 작은 냄비에 연어장 양념을 넣어
   센 불에서 끓어오르면 불을 끄고
   완전히 식힌다.

2 생 연어는 사방 1cm 크기로 썬다.

3 양파는 잘게 다진다.
   청양고추, 홍고추는 송송 썬다.
   김밥 김은 길게 4등분한다.

4 완전히 식힌 양념장을 밀폐용기에 담고
   생 연어, 고추, 양파를 넣고
   냉장실에서 6시간 이상 숙성한다.

5 볼에 밥, 밥 양념을 넣어 골고루 섞는다.
   8등분으로 나눠 손으로 꼭꼭 쥐어
   타원형 모양으로 만든다.

6 밥 한 덩이를 자른 김밥 김 1장으로 감싼다.
   그 위에 ④를 1/8분량씩 올린다.
   같은 방법으로 나머지도 만든다.
   * 기호에 따라 연어장에 생 와사비 1작은술을
   넣고 섞은 후 만들어도 좋아요.

 주먹밥

모두가 좋아하는 떡갈비로 만든
든든한 주먹밥

떡갈비 주먹밥

2인분 / 25~35분

- 따뜻한 밥 1과 1/2공기(300g)
- 김밥 김 1장
- 식용유 1큰술
- 생 와사비 약간
  (기호에 따라 가감, 생략 가능)

떡갈비 반죽
- 다진 돼지고기 200g
- 다진 양파 1/8개분
- 다진 파 1큰술
- 양조간장 1큰술
- 설탕 1큰술
- 다진 마늘 1작은술

밥 양념
- 통깨 1큰술
- 참기름 1큰술
- 소금 1/2작은술

1. 김밥 김은 길게 8등분한다.

2. 볼에 떡갈비 반죽 재료를 모두 넣어 골고루 치댄다.

3. ②를 8등분하여 직사각형으로 만든다.

4. 달군 팬에 식용유를 두르고 떡갈비를 올려 약한 불에서 7~9분간 뒤집어가며 굽는다. 키친타월에 올려 기름기를 뺀다.

5. 볼에 따뜻한 밥, 밥 양념을 넣어 골고루 섞는다. 8등분으로 나눠 손으로 꼭꼭 쥐어 직사각형 모양으로 만든다.

6. 밥 위에 떡갈비를 올린 후 자른 김밥 김 1장으로 감싼다. 그 위에 생 와사비를 조금씩 올린다. 같은 방법으로 나머지도 만든다.

 주먹밥

한입 베어 물면 치즈 불고기가 듬뿍!

치즈 불고기 주먹밥

2인분 / 20~30분

- 따뜻한 밥 1과 1/2공기(300g)
- 김밥 김 2장
- 쇠고기 불고기용 200g
- 슬라이스 치즈 2장
- 식용유 1큰술

불고기 양념
- 설탕 1큰술
- 양조간장 1과 1/3큰술
- 다진 마늘 1작은술
- 참기름 1작은술

밥 양념
- 통깨 1큰술
- 참기름 1큰술
- 소금 1/2작은술

1. 불고기용 쇠고기는 키친타월에 올려 핏물을 뺀다. 먹기 좋게 1cm 간격으로 썬다.

2. 볼에 불고기 양념 재료를 넣어 함께 버무린다.

3. 김밥 김은 길게 4등분하고, 슬라이스 치즈는 열십(+)자로 자른다.

4. 달군 팬에 식용유를 두르고 ②를 넣어 중간 불에서 5~7분간 볶는다.

5. 볼에 따뜻한 밥, 밥 양념을 넣어 골고루 섞는다. 8등분으로 나눠 둥글넓적하게 만든다. 밥 한 덩이 위에 불고기, 치즈 2조각을 올리고 밥 한 덩이로 덮어 손으로 꼭꼭 쥐어 동그랗게 만든다.
   * 손으로만 뭉치기 어렵다면 랩 위에 올려 감싼 후 뭉쳐도 좋아요.

6. 자른 김밥 김 1장으로 주먹밥 옆을 감싼다. 같은 방법으로 나머지도 만든다.

매일 만들어 먹고 싶은
토/핑/유/부/초/밥

유부에 밥만 넣어서 먹는 유부초밥이 아닌 다양한 토핑을 올려 좀 더 색다르게 즐겨보세요.
더욱 폼 나는 메뉴가 완성된답니다. 직접 만든 조림 유부로 더 건강하고 맛있게 만들어보세요.

토핑유부초밥

104

상큼하고 아삭한 샐러드와 밥을 한입에 가득!

크래미 샐러드 유부초밥

2인분 / 15~25분

- 새콤한 밥 1과 1/2공기
  (300g, 밥 양념하기 20쪽)
- 조림 유부 14장(만들기 21쪽,
  또는 시판 사각 유부)
- 크래미 7개
- 오이 1개(200g)
- 양파 1/8개(25g, 생략 가능)
- 마요네즈 4큰술
- 홀그레인 머스터드 1큰술
  (또는 생 와사비 1작은술,
  기호에 따라 가감)
- 설탕 1작은술
- 레몬즙 2작은술

1. 오이는 4등분한다. 다시 길게 4등분한 후 가운데 씨 부분을 제거하고 사방 1cm 크기로 썬다.

2. 양파는 잘게 다진다. 크래미는 사방 1cm 크기로 썬다.

3. 볼에 오이, 양파, 크래미, 마요네즈, 홀그레인 머스터드, 설탕, 레몬즙을 넣어 살살 섞는다.

4. 새콤한 밥을 14등분한 후 뭉쳐서 조림 유부 안쪽에 넣는다.
   ③을 1/14분량씩 가득 채워 올린다.

토핑유부초밥

밥 대신 샐러드를 가득 채워 가볍게 즐기는
페타치즈 샐러드 유부

2인분 / 15~25분

- 조림 유부 14장(만들기 21쪽, 또는 시판 사각 유부)
- 페타치즈 100g
- 오이 1개(200g)
- 방울토마토 10개
- 블랙올리브 10개
- 양파 1/4개(50g, 생략 가능)

드레싱
- 발사믹 글레이즈 2큰술
- 엑스트라 버진 올리브유 3큰술

1 오이는 4등분한다. 다시 길게 4등분한 후 가운데 씨 부분을 제거하고 사방 1cm 크기로 썬다.

2 방울토마토, 블랙올리브는 4등분한다. 양파는 잘게 다진다.

3 페타치즈는 오이 크기로 썬다. 볼에 손질한 채소와 페타치즈를 넣어 가볍게 섞는다.

4 볼에 드레싱 재료를 넣어 섞는다.
* 드레싱은 다진 채소와 버무려도 좋고, 위에 뿌려도 좋아요.

5 조림 유부에 ③을 1/14분량씩 가득 채워 넣고 드레싱을 곁들인다.
* 위에 어린잎 채소를 올려 장식해도 좋아요.

 토핑유부초밥

참치에 알싸한 생 와사비를 넣어 깔끔한 맛을 살린

참치 와사비 마요 유부초밥

2인분 / 15~25분

- 담백한 밥 1과 1/2공기
  (300g, 밥 양념하기 20쪽)
- 조림 유부 14장(만들기 21쪽,
  또는 시판 사각 유부)
- 참치 통조림 2캔(200g)
- 양파 1/8개(25g, 생략 가능)
- 깻잎 3장
- 마요네즈 3큰술
- 생 와사비 2작은술
  (기호에 따라 가감, 생략 가능)

1 양파는 잘게 다진다.
   깻잎은 꼭지를 제거하고 돌돌 말아
   최대한 가늘게 채 썬다. 찬물에 10분간
   담가두었다가 체에 밭쳐 물기를 뺀다.

2 참치는 체에 밭쳐 기름을 뺀 후
   키친타월에 올려 다시 한번
   기름기를 제거한다.

3 볼에 참치, 양파, 마요네즈,
   생 와사비를 넣어 골고루 섞는다.

4 담백한 밥을 14등분한 후 뭉쳐서
   조림 유부 안쪽에 넣는다.
   ③을 1/14분량씩 가득 채워 넣고
   위에 깻잎을 올린다.

토핑유부초밥

명란과 마요네즈, 쪽파가 어우러져 입에 착 감기는 맛

명란 마요 유부초밥

2인분 / 15~25분

- 담백한 밥 1과 1/2공기
  (300g, 밥 양념하기 20쪽)
- 조림 유부 14장(만들기 21쪽,
  또는 시판 사각 유부)
- 저염 명란젓 2~3줄(100g)
- 쪽파 2줄기
  (또는 대파 푸른 부분)
- 다진 양파 2큰술
- 마요네즈 3큰술
- 통깨 1큰술
- 올리고당 1작은술
- 생 와사비 1작은술
  (기호에 따라 가감, 생략 가능)

1. 저염 명란젓의 양념은 흐르는 물에 닦은 후 키친타월에 올려 물기를 제거한다.

2. 쪽파는 송송 썬다.

3. 볼에 명란, 다진 양파, 마요네즈, 통깨, 올리고당, 생 와사비를 넣어 으깨가며 섞는다.
   * 이때 쪽파를 넣고 섞어도 좋아요.

4. 담백한 밥을 14등분한 후 뭉쳐서 조림 유부 안쪽에 넣는다.
   ③을 1과 1/2큰술씩 넣고 쪽파를 올린다.

 토핑유부초밥

부드러운 아보카도에 짭조름한 햄이 더해져 입맛을 돋우는
아보카도 스팸 유부초밥

2인분 / 15~25분

- 달콤한 밥 1과 1/2공기
  (300g, 밥 양념하기 20쪽)
- 조림 유부 14장(만들기 21쪽,
  또는 시판 사각 유부)
- 아보카도 1개
  (또는 냉동 아보카도)
- 슬라이스 스팸 1장(80g)
- 마요네즈 3큰술
- 양조간장 1작은술
- 생 와사비 2작은술(생략 가능)
- 어린잎 채소 약간(생략 가능)

1. 스팸은 굵게 다진다.
   * 끓는 물(3컵)에 1분간 데친 후 체에 밭쳐 물기를 제거하고 사용해도 좋아요.

2. 아보카도는 스팸과 같은 크기로 썬다.
   * 아보카도 손질하기 55쪽 과정 ②, ③번 참고
   * 냉동 아보카도를 사용할 때는 실온에서 10분간 해동 후 손질하세요.

3. 볼에 아보카도, 스팸, 마요네즈, 양조간장, 생 와사비를 넣어 골고루 섞는다.

4. 달콤한 밥을 14등분한 후 뭉쳐서 조림 유부 안쪽에 넣는다.
   ③을 1/14분량씩 가득 채워 넣고 어린잎 채소를 올린다.

 토핑유부초밥

맛있을 수밖에 없는 누구나 좋아하는 최고의 조합
스팸 김치볶음 유부초밥

2인분 / 20~30분

- 담백한 밥 1과 1/2공기
  (300g, 밥 양념하기 20쪽)
- 조림 유부 14장(만들기 21쪽,
  또는 시판 사각 유부)
- 슬라이스 스팸 1장(80g)
- 잘 익은 배추김치 1컵(150g)
- 대파 15cm
- 식용유 1큰술
- 고추장 1작은술
- 설탕 1작은술
- 참기름 1큰술
- 통깨 약간

Tip /
맵지 않게 만들기
배추김치는 물에 헹궈 양념을
없애고, 고추장은 생략하면
맵지 않게 만들 수 있어요.
④번 과정에서 간을 보고 부족하면
양조간장 1/2작은술을 넣어
마무리하면 됩니다.

1 스팸은 사방 0.7cm 크기로 썬다.
   * 끓는 물(3컵)에 1분간 데친 후 체에 밭쳐
     물기를 제거하고 사용해도 좋아요.

2 대파는 송송 썬다.
   배추김치는 양념을 덜어내고
   사방 1cm 크기로 썬다.

3 달군 팬에 식용유를 두르고
   대파를 넣어 약한 불에서 1분간 볶는다.
   배추김치를 넣고 2분간 더 볶는다.

4 스팸을 넣어 3분간 볶은 후
   고추장, 설탕, 참기름을 넣고
   1분간 더 볶는다.

5 담백한 밥을 14등분한 후
   뭉쳐서 조림 유부 안쪽에 넣는다.
   ④를 1/14분량씩 가득 채워 넣은 후
   통깨를 뿌린다.

토핑유부초밥

하와이안 요리를 유부에 넣어 즐기는 이국적인 맛

연어 포케 유부초밥

2인분 / 20~30분

- 새콤한 밥 1과 1/2공기
  (300g, 밥 양념하기 20쪽)
- 조림 유부 14장(만들기 21쪽,
  또는 시판 사각 유부)
- 생 연어 200g(또는 생 참치)
- 아보카도 1/2개
  (또는 냉동 아보카도)
- 양파 1/4개(50g)
- 어린잎 채소 약간(생략 가능)

양념
- 다진 청양고추 1개분
  (기호에 따라 가감, 생략 가능)
- 통깨 1큰술
- 양조간장 1큰술
- 식초 2작은술
- 올리고당 1작은술
- 참기름 1작은술
- 생 와사비 1작은술
  (기호에 따라 가감, 생략 가능)

1 양파는 잘게 다지고,
생 연어는 사방 1cm 크기로 썬다.

2 볼에 양념 재료를 넣고 섞은 후
생 연어를 넣고 버무려 30분간 재운다.

3 아보카도는 연어와 같은 크기로 썬다.
* 아보카도 손질하기 55쪽
과정 ②, ③번 참고
* 냉동 아보카도를 사용할 때는
실온에서 10분간 해동 후 손질하세요.

4 볼에 ②, 아보카도, 양파를 넣어
골고루 섞는다.

5 새콤한 밥을 14등분한 후 뭉쳐서
조림 유부 안쪽에 넣는다.
④를 1/14분량씩 가득 채워 넣고
그 위에 어린잎 채소를 올린다.

 토핑유부초밥

핫소스로 연어의 느끼함을 잡고 감칠맛을 더한

매콤 연어무침 유부초밥

2인분 / 20~30분

- 새콤한 밥 1과 1/2공기
  (300g, 밥 양념하기 20쪽)
- 조림 유부 14장(만들기 21쪽,
  또는 시판 사각 유부)
- 생 연어 200g(또는 생 참치)
- 양파 1/4개(50g)
- 마요네즈 3큰술
- 핫소스 1큰술
- 설탕 1/2작은술
- 고추장 2작은술
- 생 와사비 약간(기호에 따라 가감,
  생략 가능)
- 송송 썬 쪽파 약간(생략 가능)

1. 양파는 잘게 다진다.
   생 연어는 사방 1cm 크기로 썬다.

2. 볼에 생 연어, 양파, 마요네즈, 핫소스,
   설탕, 고추장을 넣어 섞는다.

3. 새콤한 밥을 14등분한 후 뭉쳐서
   조림 유부 안쪽에 넣는다.
   ②를 1/14분량씩 가득 채워 넣고
   송송 썬 쪽파를 올린다.

 토핑유부초밥

120

굴소스로 감칠맛 나게 볶은
새우, 마늘, 대파를 듬뿍 올린

마늘 새우볶음 유부초밥

2인분 / 30~40분

- 새콤한 밥 1과 1/2공기
  (300g, 밥 양념하기 20쪽)
- 조림 유부 14장(만들기 21쪽,
  또는 시판 사각 유부)
- 냉동 생새우살 16~18마리(200g)
- 마늘 14쪽(70g)
- 대파 15cm
- 청양고추 2개(생략 가능)
- 고추기름 1큰술
  (또는 식용유)
- 굴소스 1과 1/2큰술
- 설탕 1작은술
- 통깨 1큰술
- 참기름 1큰술

Tip /
맵지 않게 만들기
청양고추를 생략하고,
고추기름 대신 식용유를 이용해
맵지 않고 담백하게 만들어도 좋아요.

1. 냉동 생새우살은 찬물에 10~15분간 담가 해동한 후 체에 밭쳐 물기를 뺀다. 생새우살은 2~4등분한다.

2. 마늘은 4등분한다. 대파, 청양고추는 송송 썬다.

3. 달군 팬에 고추기름을 두르고 마늘을 넣어 약한 불에서 노릇하게 2~3분간 볶는다. 대파를 넣어 1분간 더 볶는다.

4. 생새우살을 넣고 1분간 볶는다.

5. 불을 끄고 청양고추, 굴소스, 설탕을 넣고 다시 불을 켜고 약한 불에서 2분간 더 볶는다. 불을 끄고 통깨, 참기름을 넣어 섞는다.

6. 새콤한 밥을 14등분한 후 뭉쳐서 조림 유부 안쪽에 넣는다. ⑤를 1/14분량씩 가득 채워 올린다.

 토핑유부초밥

시판 새우튀김으로 쉽지만 폼 나게 만들 수 있는
크림소스 새우튀김 유부초밥

2인분 / 15~25분

- 새콤한 밥 1과 1/2공기
  (300g, 밥 양념하기 20쪽)
- 조림 유부 14장(만들기 21쪽,
  또는 시판 사각 유부)
- 시판 새우튀김 14개
- 식용유 1컵

크림소스
- 다진 양파 1큰술(생략 가능)
- 마요네즈 7큰술
- 레몬즙 1큰술
- 꿀 1과 1/2큰술(또는 올리고당)

Tip /
아이용으로 만들기
새우튀김이 커서 아이가 먹기 힘들다면
새우튀김을 한입 크기로 잘라
유부초밥에 올려서 만드세요.

1 시판 새우튀김은 포장지에 적혀 있는 방법으로 조리한다.

2 키친타월에 올려 기름기를 뺀다.

3 볼에 크림소스 재료를 넣어 골고루 섞는다.

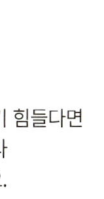
4 새콤한 밥을 14등분한 후 뭉쳐서 조림 유부 안쪽에 넣는다.
③을 1/2큰술씩 올린 후 새우튀김을 하나씩 올린다.
* 크림소스의 양은 기호에 따라 가감하세요.

 토핑유부초밥

평범한 닭갈비에 치즈를 곁들여
더욱 특별한 맛으로 변신!

치즈 닭갈비 유부초밥

2인분 / 25~35분

- 담백한 밥 1과 1/2공기
  (300g, 밥 양념하기 20쪽)
- 조림 유부 14장(만들기 21쪽,
  또는 시판 사각 유부)
- 닭안심 4개(120g)
- 대파 15cm
- 양배추 1장(손바닥 크기, 30g)
- 식용유 1큰술
- 파르미지아노 레지아노 치즈 간 것
  약간 (생략 가능)

양념
- 고추장 1큰술
- 설탕 1/2큰술
- 양조간장 1작은술
- 참치액 1작은술(또는 멸치 액젓)
- 다진 마늘 2작은술

Tip /
맵지 않게 만들기
양념에서 고추장을 생략하고
양조간장 1/2작은술을 더 넣어 만드세요.

 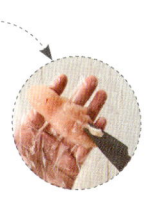

1 가위로 닭안심의 힘줄과 막을 없애고 길이로 길게 썬 후 굵게 썬다.

2 볼에 양념 재료를 넣어 섞는다. 닭안심을 넣어 골고루 버무려 10분간 재운다.

3 대파는 송송 썰고, 양배추는 사방 1cm 크기로 썬다.

4 달군 팬에 식용유를 두르고 대파를 넣어 약한 불에서 1분간 볶는다. ②를 넣고 3분간 더 볶는다.

5 양배추를 넣고 2분간 더 볶는다.

6 담백한 밥을 14등분한 후 뭉쳐서 조림 유부 안쪽에 넣는다. ⑤를 1/14분량씩 가득 채워 넣은 후 치즈 간 것을 조금씩 올린다.

토핑유부초밥

최고 인기 반찬인 제육볶음을 유부초밥 위에 딱!

제육볶음 유부초밥

2인분 / 25~35분

- 달콤한 밥 1과 1/2공기
  (300g, 밥 양념하기 20쪽)
- 조림 유부 14장(만들기 21쪽,
  또는 시판 사각 유부)
- 대패 삼겹살 200g
- 양파 1/8개(25g)
- 대파 15cm
- 식용유 1큰술
- 송송 썬 쪽파 약간(생략 가능)

양념
- 다진 파 1큰술
- 설탕 1큰술
- 양조간장 1큰술
- 청주 1큰술
- 고추장 1큰술
- 다진 마늘 1작은술
- 참기름 1작은술

Tip /
맵지 않게 만들기
양념에서 고추장을 생략하고
양조간장 1/3큰술을 더 넣어 만드세요.

1. 양파는 가늘게 채 썬다.
   대파는 송송 썬다.

2. 볼에 양념 재료를 넣어 섞는다.
   대패 삼겹살을 넣고 버무려 10분간 재운다.
   * 대패 삼겹살이 길다면 한입 크기로 썰어요.

3. 달군 팬에 식용유를 두르고
   대파를 넣어 약한 불에서 1분간 볶는다.
   양파를 넣어 1분간 더 볶는다.

4. ②를 넣어 다 익을 때까지
   5~7분간 더 볶는다.

5. 달콤한 밥을 14등분한 후 뭉쳐서
   조림 유부 안쪽에 넣는다.
   ④를 1/14분량씩 가득 채워 넣고
   송송 썬 쪽파를 올린다.

 토핑유부초밥

삼겹살을 넣고 김밥처럼 돌돌 말아
만든 스페셜 유부초밥

삼겹살 깻잎말이 유부롤

1 오이는 4등분해
씨 부분을 제외하고
돌려 깎아 채 썬다.
깻잎은 꼭지를 떼고
길이로 2등분한다.

2 달군 팬에 대패 삼겹살을 올려
센 불에서 3~5분간 익힌다.
키친타월에 올려 기름기를 뺀다.

2인분 / 25~35분

- 담백한 밥 1과 1/2공기
  (300g, 밥 양념하기 20쪽)
- 조림 유부 14장(만들기 21쪽,
  또는 시판 사각 유부)
- 대패 삼겹살 14장
- 깻잎 7장
- 오이 1개(200g)

양념
- 통깨 1큰술
- 고추장 1큰술
- 마요네즈 1큰술
- 올리고당 1큰술
- 양조간장 1작은술

3 조림 유부는 반으로 갈라
길쭉하게 펼친다.

4 볼에 양념 재료를 넣어 섞은 후
오이를 넣고 버무린다.

5 깻잎에 ④를 1/14분량씩
올려 돌돌 만다.

Tip /
맵지 않게 만들기
깻잎말이에 들어가는 양념이
매울 수 있으니 고추장 대신
쌈장으로 대체해서 만들어주세요.
깻잎 향을 싫어한다면 상추로
대체해도 좋아요.

색다르게 즐기기
대패 삼겹살 대신 구운 베이컨을
올려 만들어도 맛있어요.
아이들이 더 좋아할거에요.

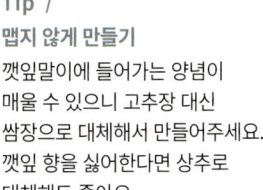

6 길게 펼친 유부 위에 담백한 밥
1/14분량을 넓게 펼친다.
그 위에 대패 삼겹살, ⑤의 깻잎말이를
올려 돌돌 만다. 같은 방법으로
13개 더 만든다.

 토핑유부초밥

알싸한 마늘과 청양고추를 팍팍 넣은 어른들을 위한 메뉴
매콤 육회 유부초밥

2인분 / 15~25분

- 달콤한 밥 1과 1/2공기
  (300g, 밥 만들기 20쪽)
- 조림 유부 14장(만들기 21쪽,
  또는 시판 사각 유부)
- 채 썬 육회용 쇠고기 200g
- 마늘 3개
- 청양고추 2개(생략 가능)
- 새싹 채소 약간
  (또는 어린잎 채소, 생략 가능)

육회 양념
- 설탕 1큰술
- 고추장 1큰술
- 홀그레인 머스터드 1큰술(또는
  생 와사비 1작은술, 기호에 따라 가감)
- 참기름 1큰술
- 통깨 1작은술
- 양조간장 2작은술

1 마늘은 굵게 다진다.
청양고추는 길게 반으로 썰어 송송 썬다.

2 육회용 쇠고기는 1cm 간격으로 썬다.

3 볼에 육회 양념 재료를 넣어
섞은 후 쇠고기, 마늘, 청양고추를
넣어 버무린다.

4 달콤한 밥을 14등분한 후 뭉쳐서
조림 유부 안쪽에 넣는다.
③을 1/14분량씩 가득 채워 넣고
새싹 채소를 올린다.

index

가나다 순

ㄱ /
고추장 비빔 김밥 ··· 36
김치 달걀 밥버거 ··· 88

ㄴ /
날치알 달걀 삼각 주먹밥 ··· 80

ㄷ /
달걀말이 불닭 김밥 ··· 66
달걀지단 키토 김밥 ··· 46
달콤 달걀말이 초밥 ··· 92
데리야키 닭안심 김밥 ··· 64
들기름 나물 주먹밥 ··· 74
떡갈비 주먹밥 ··· 98

ㅁ /
마늘 새우볶음 유부초밥 ··· 120
매콤 연어무침 유부초밥 ··· 118
매콤 육회 유부초밥 ··· 130
멸추 김밥 ··· 40
멸추 양배추쌈 김밥 ··· 50
명란 마요 유부초밥 ··· 110
명란 아보카도 샐러드 김밥 ··· 54

ㅂ /
반숙 달걀장 왕주먹밥 ··· 90
버섯 치즈 감태 주먹밥 ··· 86
베이컨말이밥 ··· 94
불오징어 김밥 ··· 60

ㅅ /
삼겹살 깻잎말이 유부롤 ··· 128
삼겹살 쌈장 김밥 ··· 68
스팸 김치볶음 유부초밥 ··· 114
스팸 오이 샐러드 주먹밥 ··· 84

ㅇ /
아보카도 스팸 유부초밥 ··· 112
애호박 김밥 ··· 32
어묵 꼬마 김밥 ··· 44
연어 포케 유부초밥 ··· 116
연어 후토마키 ··· 58
연어장 군함 초밥 ··· 96
오이 우엉 주먹밥 ··· 78
유부 나물 김밥 ··· 34
육회말이 김밥 ··· 70

ㅈ /
전복 달걀말이 김밥 ··· 62
전주비빔밥 삼각 주먹밥 ··· 82
제육볶음 유부초밥 ··· 126
진미채 달걀 김밥 ··· 42

ㅊ /
참치 김치볶음 김밥 ··· 56
참치 와사비 마요 유부초밥 ··· 108
청양 크림치즈 김밥 ··· 52
충무 김밥 ··· 48
치즈 닭갈비 유부초밥 ··· 124
치즈 불고기 주먹밥 ··· 100

ㅋ /
카레 김자반 주먹밥 ··· 76
크래미 샐러드 김밥 ··· 38
크래미 샐러드 유부초밥 ··· 104
크림소스 새우튀김 유부초밥 ··· 122

ㅍ /
페타치즈 샐러드 유부 ··· 106